AF300082

CONSIDERATIONS

SUR

LES FINANCES

D'ESPAGNE,

par V. de Forbonnais

CONSIDERATIONS

SUR

LES FINANCES

D'ESPAGNE.

SECONDE EDITION,

Augmentée de Réflexions sur la nécessité de comprendre l'étude du Commerce Finances dans celle de la Politi

IMPRIMÉ A DRESD

Et se trouve à Paris

Chez les Freres Estienne, rue S. Jacques.

M. DCC. LV.

CONSIDÉRATIONS

SUR

LES FINANCES

D'ESPAGNE.

Ne grande abondance des plus riches productions, dont la nature ait favorisé la zone tempérée ; de vastes possessions dans les contrées les plus fertiles du nouveau monde ; des mines inépuisables en or & en argent ; une marine puissante ; un com-

A

merce actif ; de bonnes loix ;
une population nombreuse ; un
peuple fidéle, doué d'un génie
& d'une constance propres à exécuter de grandes entreprises :
tous ces objets présentent, sans
doute, l'idée de la plus formi-
dable Puissance, qui puisse se
rencontrer dans un pays de la
même étendue que l'Espagne.
C'est en effet sous ce point de
vûe qu'on doit considérer cette
Monarchie au moment, où
Charles V. en réunit toutes les
Couronnes sur sa tête en 1516.

Cette grande prospérité s'é-
coula comme un torrent : en
moins d'un siécle on en recon-
noissoit à peine les vestiges.

& dès l'an 1619 on voit des écrivains Espagnols former des projets sur le rétablissement politique de leur Empire.

Une partie de ces vastes plaines, autrefois si fertiles, étoit revêtue de l'appareil rude & sauvage, auquel la nature condamne les déserts; l'excès de la pauvreté & de la misere, avoit déraciné toute industrie parmi les sujets, & l'Etat par conséquent dépourvu d'argent, de soldats, de vaisseaux, se trouvoit sans vigueur au dehors.

Un changement si frappant a souvent exercé les raisonnemens des politiques spéculatifs. Les principales causes qu'ils en ont apportées font, la feconde expulfion des Maures & des Juifs en 1611, la population des colonies, les fréquentes tranfmigrations à raifon de l'éloignement des diverfes parties qui compofoient la Monarchie Efpagnole en Europe, l'abandon de l'agriculture, & la perte de l'induftrie.

L'expulfion de ce qui reftoit de Maures & de Juifs en Efpagne en 1611, porta fans doute à cette Monarchie une atteinte funefte ; mais en 1619 le Docteur Moncada, & Cevallos en 1611 comptoient encore dans les vingt-deux provinces de la Couronne de Caftille cinq mil-

Refta-
blecie-
mento
politic.
de la
Monar-
chia de
España.
Arte.
Real.

lions de contribuables, c'est-à-
dire, que ce dénombrement ne
comprenoit point les enfans &
le Clergé. La Couronne d'Arragon pouvoit dans la proportion
renfermer au total de quinze
cent mille ; à deux millions
d'ames.

Les années dans lesquelles ces
auteurs écrivoient, ont été celles
des transmigrations les plus fréquentes, soit dans les colonies,
soit à cause des guerres étran-
gères. D'ailleurs Don Geronimo
de Uftaris prouve très-bien, par
l'exemple des autres nations, qui
ont également peuplé de grandes colonies, par l'espéce d'hommes qui passa dans celles de l'Es-

Théorie
& prati-
que du
commer-
ce & de
la mari-
ne.

A iij

pagne, & enfin par diverfes facilités que la richeffe des habitans du nouveau monde a apportées à la population de la métropole, que la difette d'hommes
n'a pas influé fur le dépériffement de la Monarchie d'Efpagne
autant qu'on l'a imaginé.

Pour s'en convaincre pleinement, il fuffit de comparer la
population & les revenus publics
de ce Royaume, avec la population & les revenus publics de
l'Angleterre, abftraction faite
même de l'inégalité des productions naturelles.

Dans une inftruction adreffée
en 1747 au Marquis de la Enfé-
nada, par Don Martin de Loy-

naz, Adminiſtrateur général de
la rente du tabac, on voit que
dans les vingt-deux provinces
de la Couronne de Caſtille, il ſe
trouve de communians 4531780
d'enfans 1176960
de perſonnes Eccléſiaſ-
tiques 137627
    Dans la Couronne
d'Arragon la totalité
du peuple de tout
âge & de tout ſexe,
monte à 1534804
le Clergé à 42415
              —————————
              7423590

   Le produit des rentes générales & provinciales de toute l'Eſpagne monte aujourd'hui en-

viron à 2724630z écus de veillon, c'eſt-à-dire, à 7265680 l.
de notre monnoie.

La population de l'Angleterre
eſt à peu près la même ſuivant
l'évaluation commune, mais ſes
revenus montént à 7650000 l.
ſterling, c'eſt-à-dire, environ à
179775000 l. de notre monnoie, ſans compter l'entretien
des pauvres & du Clergé, quoique les impôts y ſoient bien plus
modérés qu'en Eſpagne. Ce pa-
ralelle conduit naturellement à
penſer que la prodigieuſe différence qui en réſulte, eſt cauſée
par l'abandon de l'agriculture &
des arts.

La nature de ces deux grands

mobiles d'un Etat, eft de s'affurer par leur propre activité la
durée de leur mouvement, jufqu'à ce que des accidens étrangers le fufpendent. On ne peut
douter que l'Efpagne n'ait joui
d'un très-grand commerce intérieur & extérieur, dans un fiécle
où il étoit fort borné dans tous
les autres Etats.

Uftariz nous apprend que la
feule ville de Seville contenoit
foixante mille métiers en foie;
les draps de Segovie ont paffé
pour les plus beaux de l'Europe
dans le feiziéme fiécle; ceux de
la Catalogne ont eu long-tems
la préférence dans le Levant,
en Sicile, en Italie, en Sardai-

gne. Dans un mémoire adreſſé à Philippe II par Louis Valle de la Cerda, on voit que dans la ſeule foire de Medina, il ſe négotioit en lettres de change pour une valeur de plus de cent cinquante-cinq millions d'écus ; & il y en avoit pluſieurs d'auſſi célébres dans ce Royaume.

La ſituation de pluſieurs domaines de ſa dépendance, & la découverte des Indes Occidentales, avoient néceſſairement animé la navigation ; pluſieurs Ordonnances très-propres à l'augmenter, & l'armement fameux de Philippe II contre l'Angleterre, prouvent que dans ces tems la marine d'Eſpagne étoit conſidérable.

La fertilité des terres de cette heureuse peninsule est assez connue, leur sein n'est jamais avare de ses trésors pour la main qui daigne les recueillir. Malgré les fréquentes sécheresses de ce pays, on sait que sous la domination des Romains c'étoit un des greniers de Rome & d'Italie, quoiqu'il eût une grande multitude de ses propres habitans à nourrir: & sans remonter à des tems si reculés, on voit encore dans les déserts de l'Espagne des vestiges d'habitations, on conserve plusieurs actes de substitutions, de fondations, avec les bornages des héritages. Pour peu que l'on considere d'ailleurs l'inclination naturelle que les hommes ont pour l'agriculture, malgré fes fatigues, & l'attention que les loix d'Efpagne avoient eue de la favorifer par préférence à toute autre occupation, on conviendra fans peine, que fa ruine, ainfi que celle de l'induftrie, doit être attribuée à l'influence de quelque principe vicieux dans l'adminiftration.

Le labourage en particulier a fouffert de quatre mauvaifes opérations dans la police. 1° L'on a prefque toujours taxé le prix des grains en Efpagne depuis trois fiécles, ce qui les fait refferrer, produit la difette, & prive d'ailleurs le laboureur

Œconomies politiques de Don Miguel Zabala Yauñon, 2.Partie.

d'une compensation qui lui est
dûe en faveur des diminutions
accidentelles de sa récolte, & du
bas prix des grains dans les années abondantes. 2° L'extraction
des bleds est prohibée en tout
tems, ce qui détruit les petites
fermes & décourage les petits laboureurs, toujours pressés de
vendre : l'un & l'autre objet méritent cependant une protection
spéciale de l'Etat en faveur de la
population, car le cultivateur
d'une petite ferme a une femme
& des enfans ; s'il n'étoit que
valet d'un gros laboureur il res-
teroit garçon : l'Etat perdroit
par conséquent, & cette population, & la consommation de

cette famille. Le propriétaire des terres & les arts à la portée du peuple, supporteroient aussi une partie de cette perte. D'un autre côté les réparations des petites fermes font très-onéreuses, ainsi il convient donc de les encourager par une distinction particuliere dans les répartitions d'impôts. 3°. Chaque communauté d'habitans a son grenier public administré par les chefs, comme le font toutes les affaires de communautés ; c'est-à-dire, sans zéle, sans intelligence, sans ordre, & souvent sans probité. Dans une matiere de cette conséquence, les moindres fautes particulieres occasionnent de grands desordres publics. 4°. Les bois appartiennent en Espagne aux communautés des habitans les plus voisins; la plûpart des terres vagues sont couvertes de broussailles & de fourés qui ne sont d'aucun rapport, & cependant que personne n'oseroit défricher, de peur d'être inquiété & troublé dans la jouissance de ses travaux, comme il le seroit à coup sûr.

On sait en général, combien les communes d'une grande étendue sont contraires à la population & aux progrès de l'agriculture; ce n'est pas que dans certains pays il ne soit nécessaire de conserver quelques por-

tions de pacage commun en faveur des petits Fermiers, pour
faciliter la multiplication du gros
& menu bétail, & particuliérement des Moutons, auxquels il eſt
ſalutaire de faire faire de tems en
tems de longs trajets. Mais ces
portions de communes doivent
approcher le plus près qu'il eſt
poſſible du néceſſaire exact. Car
ſi on les diviſoit en Fermes, elles
occuperoient de nouvelles familles qui ſe préſenteroient pour
les cultiver ; elles apporteroient
un plus grand nombre de valeurs
dans le commerce ; les beſtiaux
plus ſédentaires engraiſſeroient
les champs deſtinés à la pâture
ou au labourage. Les communes

plantées

plantées en bois sont encore plus nuisibles , parce qu'étant ou-vertes de tous côtés aux bestiaux, le plan y leve mal , les arbres viennent mal , ils se détériorent avant qu'on soit d'accord sur les coupes , & souvent c'est la matiere d'une infinité de pillages , de procès, d'inimitiés.

Quoique ce qui regarde la police sur les grains ne soit point mon objet , j'espere que l'impor-tance de la matiere autorisera une courte digression sur cet article.

La Hollande prévient les di-settes par une permission géné-rale d'introduire les grains étran-gers en tout tems , parce qu'elle n'en recueille pas aſſez dans ſes Domaines pour la ſubſiſtance de ſes habitans, & cette police ſeroit préjudiciable à l'agriculture dans d'autres pays par le bon marché des bleds du Nord, du fret, & de l'argent des Hollandois.

L'Angleterre ne ſonge pas ſeulément à prévenir les diſettes, elle a pour but d'animer l'agriculture, & de ſe procurer de grandes exportations en grains. Elle y a réuſſi en partie, par la gratification qu'elle accorde ſur chaque eſpéce, tant qu'elle ne paſſe point le prix fixé par la loi : & par ſa ſituation, qui permet à toutes ſes provinces de communiquer entr'elles à peu de frais.

Quelque sage & bien combinée que soit cette premiere disposition, si des circonstances particulieres s'opposent à son exécution dans d'autres Etats, il semble qu'on pourroit s'en approcher en prenant le prix des grains pour régle de leur importation & de leur exportation. Car lorsque l'une ou l'autre ont besoin de permissions expresses, il en peut résulter de grands inconvéniens ; soit que ces permissions soient surprises, & que les quantités soient excédées, soit que ces permissions soient refusées, ou différées legerement.

On fait à quel prix le labouteur gagne, & à quel prix la rareté du bled s'annonce, ſoit qu'il manque en effet, ſoit qu'on le reſſerre : dès lors à chaque frontiere & dans chaque port, il eſt aiſé d'en donner un tarif fixe & relatif aux poids & meſures de chaque lieu. On pourroit laiſſer ſortir les grains, ſuivant qu'ils auroient été au-deſſous du prix fixé pour leur extraction pendant trois marchés, juſqu'à ce qu'ils remontaſſent à ce prix ; & leur entrée ſeroit libre pendant quatre mois, lorſqu'ils auroient été pendant trois marchés au-deſſus du prix limité pour leur importation. Par ce double arrangement, il ſemble que l'intérêt des laboureurs seroit ménagé en même tems que la société seroit à l'abri de la cupidité de ceux qui resserrent les bleds.

Ce n'est pas que cette cupidité, si elle étoit universelle & encouragée, ne fût extrêmement utile à l'Etat. Car il est constant que plus le nombre des greniers & des magasins de bled sera considérable dans un pays, plus l'aprovisionnement national sera assuré. Ces magasins & ces greniers ne peuvent être multipliés sans soutenir le prix des grains, ce qui encourage la culture. D'un autre côté, ce resserrement des grains, lorsqu'il est très-commun , eſt dès-lors très-connu, ainſi il ne hauſſera point aſſez le prix pour gêner la ſubſiſtance du peuple ; puiſqu'il eſt d'expérience que le prix du marché eſt non-ſeulement balancé ſur la quantité expoſée en vente, mais auſſi ſur les quantités que l'on ſait pouvoir y être apportées d'un jour à l'autre. Les loix prohibitives ſur la garde des grains, ne font donc que porter les hommes à dérober au public la connoiſſance des quantités qui ſe trouvent réellement réſervées, accroître les riſques de cette ſpéculation, & conſéquemment, renchérir la ſubſiſtance du peuple auſſi-tôt que la ſurabondance ceſſe ſeulement en apparence. D'un pareil arrangement, il résulte que les laboureurs ou les consommateurs sont nécessairement & alternativement dans la misere. Trois principes très-simples, & si évidens qu'il est impossible de s'y refuser, peuvent guider la police des grains dans un Etat.

1°. La liberté de la vente & du transport dans l'intérieur, sans aucune restriction, accroît la concurrence des vendeurs & des acheteurs ; c'est-à-dire, qu'elle facilite la subsistance du peuple, en même-tems qu'elle encourage la culture.

2°. La liberté entiere du magasinage & de la garde des grains, asſuré l'abondance de l'aproviſionnement national, & apporte plus d'argent dans les marchés où les grains ſont ſurabondans. Ainſi elle facilite la ſubſiſtance du peuple, en même - tems qu'elle encourage la culture.

3°. La liberté de l'exploitation des grains accroit la confiance & les motifs du magaſinage des grains ; puiſque, ſans cette liberté, la maſſe des grains diminueroit difficilement, le bénéfice de leur garde deviendroit trop incertain, il ſe feroit trop attendre. Mais comme la diminution de la maſſe des grains ne peut s'opérer ſans hauſſer les prix, le Légiſlateur doit pour-

voir

voir à ce que la subsistance de ses ouvriers ne rencherisse pas trop. Les prix combinés forment une regle pour la permission de la sortie ; regle générale, inva-riable, indépendante de tout arbitraire.

Malgré la mauvaise police de l'Espagne sur les grains, capable seule de détruire le labourage, il est clair par le peu de progrès des autres parties de l'agricultu-re, quoique moins abandonnées, qu'elle a rencontré ainsi que l'in-dustrie, un obstacle général.

Je parle du mauvais principe sur lequel les Finances furent gouvernées.

Par-tout elles sont regardées

C

avec raifon comme les nerfs de
l'Etat, & l'on fait que les nerfs
font par eux - mêmes incapables
d'aucune action, qu'ils perdent
leur force, fi la fubftance qui les
nourrit & les vivifie eft épuifée
par des excès continuels, ou par
des exercices trop violens.

Il paroît que l'Efpagne confi-
dere les Finances comme le principe de vie du corps politique ı
c'eft dans cette erreur funefte
qu'on trouve la fource princi-
pale de fon affoibliffement. Le
dérangement des Finances anéantit l'agriculture & les arts, tandis que leur ruine même, par
un cercle vicieux, précipita celle
des Finances.

Tel eſt l'état où le Roi Philippe V les trouva, lorſque les
droits de ſa naiſſance & le teſta-
ment de Charles II l'eurent appellé ſur le trône d'Eſpagne. Les
circonſtances s'oppoſerent toujours aux divers efforts que fit
ce Prince vertueux pour le ré-
tabliſſement de ſon Etat , &
particulierement de ſes Finances,
puiſqu'il étoit néceſſaire de cou-
per le mal dans ſa racine. Tous
les changemens ſont difficiles
dans un grand Etat , parce qu'il
n'eſt aucune partie qui ne ſoit
eſſentiellement liée à d'autres.
Indépendamment des déſordres
néceſſaires & momentanés qu'on
prévoit dans l'opération , on ſait

qu'il s'en rencontrera de nouveaux qui ne font point atten-
dus. La crainte que leur incerti-
tude infpire, eft capable de dé-
gouter de l'entreprife avant que
de la commencer; & dans la
furprife qu'ils occafionnent prefque toujours, ils font rarement
envifagés fous leur afpect réel.
Le plus grand des obftacles cependant c'eft de réunir les opinions, & les intérêts qui font
la régle des opinions. Il eft mal-
heureufement peu d'hommes
parmi ceux qui fe difent citoyens qui ne rapportent en fe-
cret à eux-mêmes ce qui fe propofe pour le bien général de la
fociété. Leur foiblesse n'échappe

point à ceux qui sont décidés à tout sacrifier à des vûes basses & particulieres. Tous combattent sous les mêmes drapeaux, les uns parce que leur conscience est égarée, les autres parce qu'ils en ont une corrompue.

Avec le tems, les difficultés se sont applanies en Espagne : l'auguste successeur de Philippe V. annonça le dessein où il étoit de réformer le plan des Finances, & établit une commission spéciale pour cet objet, dans une Déclaration du 10 Octobre 1749. M. le Marquis de la Ensenada, ce Ministre si réveré dans toute l'Europe, a travaillé avec un zéle aussi efficace qu'infatigable à exécuter ce grand ouvrage digne de la piété d'un Roi patriote. Je rendrai compte de cette révolution après avoir recherché les caufes qui l'ont rendue néceffaire : ces fortes de difcuffions font toujours inftructives en elles-mêmes, & peuvent être regardées comme l'anatomie des corps politiques.

Avant d'entrer en matiere, il eft à propos de dire un mot des impôts établis en Efpagne. On y divife les revenus publics en rentes générales & en rentes provinciales.

Les rentes générales font lés douanes ; la vente du tabac, du fel, du plomb & du vif argent ;

Uftariz, théor. & prat. du commer. & de la Mar.

Inftruct. e Don. art. de ynaz.

les postes; les indults sur les
vaisseaux qui font le commerce
de l'Amérique; le papier tim-
bré, & quelques autres parties
qu'on peut voir détaillées dans
Ustariz.

Le plus grand nombre de ces
rentes appellées générales, comme le tabac; le sel, les doüanes,
sont en regie, & reçoivent depuis qu'elles y sont un accroissement journalier. La rente du tabac principalement a augmenté
annuellement d'un million d'é-
cus de veillon (5466666 liv.
tour.) depuis 1739, que la regie
en fut faite sur le plan dressé par
Don Martin de Loynaz. Cet
Administrateur général donna

caution de l'augmentation qu'il propofoit, & en fut déchargé au bout d'un an, qu'il prouva avoir fait monter les ventes à onze millions de réaux de plus qu'à l'ordinaire. Il augmenta de dix réaux les qualités fupérieures, & diminua de la même fomme les qualités inférieures à la portée du peuple.

Le Clergé eft foumis comme les autres corps de l'Etat aux rentes générales, parce qu'elles y font regardées comme droit de régale, ou de fouveraineté. Il eft bon d'obferver que toutes les falines appartiennent au Domaine de la Couronne. Le Clergé paye en outre les droits de croisade, de subside, Excusado évalués à 1400000 écus de veillon. (3727500 liv.)

Le bail des rentes appellées provinciales, ne regarde que les vingt - deux provinces de la couronne de Castille & comprend diverses branches.

1°. Les droits d'alcavala établis en 1341 : ils sont de 10 p. $\frac{0}{0}$ de chaque chose vendue ou échangée, même des cens & rentes, avec une augmentation de quatre droits additionnels d'un pour cent, chacun imposés successivement en 1639, 1641, 1656, 1664.

Sur les ventes de la premiere main, le fermier n'exige que 10.

p. ⅖. & fur les ventes en détail 14 p. ⅖. cependant la regle
ne paroît pas uniformé, puiſqu'Uſtariz dit qu'il n'eſt pas perçu plus de 6 à 7 p. ⅖. à raiſon de ces droits : d'autres écrivains plus récens encore éva-
luent les droits, comme je viens
de le dire. Après tout, comme
ils ſe répétent ſur chaque vente, on peut croire que chaque
choſe a payé au moins une fois
les droits en entier, ſauf la re-
miſe ſur les évaluations. Les perſonnes Eccléſiaſtiques ne ſont
point ſoumiſes à ce droit en
vendant ; au contraire il leur en
eſt fait réfraction ſur les denrées de leurs terres, ou qui en-

trent, pour leur confommation perfonnelle, & en revendant ces mêmes denrées, elles profitent du droit fur les fujets du Roi. Ceux du Clergé qui n'ont point de terres, ou qui achetent au détail, payent le droit, puifqu'il eft compris dans la valeur de la denrée.

2°. Le droit de millions, avec des droits additionnels, connus fous le nom de nouveaux impôts. Ce droit commença en 1590, qu'il fut accordé par les Etats de Caftille un fervice de huit millions de ducats à Philippe II. En 1601 les mêmes Etats accorderent un fervice annuel de quatre millions de du-

Mémoire d'un Miniftre inconnu.

cats pendant le cours de six années. Il fut appellé le service des
vingt-quatre millions, & les befoins de la Monarchie l'ont toujours continué depuis. De ces
vingt-quatre millions, quatre
& demi furent imputés fur le
prix du fel, & le payement du
furplus fut affigné fur le prix du
vin, du vinaigre, de l'huile &
de la viande de boucherie. La
mefure des liquides appellée
arrobe (1) eft compofée de huit
parties nommées *azumbres* : la
huitiéme appartient au Roi, &

____

(1) L'arrobe commune pefe 25 liv. caftil-
lanes, ou environ 23 liv. un quart poids de
marc. Elle contient 8 azumbres ; chaque
azumbre 4 choplnes.

le propriétaire la lui doit payer
fur le pied de la valeur de chacune des fept reftantes, y com-
prenant celle de l'augmentation
même à raifon de cette excife ;
moyennant quoi l'arrobe vendue
fous la dénomination de huit
azumbres, n'en contient réellement que fept, & fes divifions
dans la même proportion.

L'impôt fur le vin eft évalué
à 64 maravedis (10 f. tour.)
par arrobe.

Sur l'huile à 50 m. (7. f. 10 d.
tour.)

Sur le vinaigre à 32 m. (5 f.
1 d. tour.)

La viande de boucherie paye,
à raifon des anciens millions un

maravedis par livre, (1 d. $\frac{1}{4}$. $\frac{1}{2}$.)
& un réal de veillon par pièce
de boucherie. (5 f. 4 d.), A raifon des nouveaux impôts, on
paye fept maravedis par livre,
(1 f. 3 d.) & fept réaux par
piéce de boucherie. (37 f. 4 d.)

Le Clergé eft foumis au fervice des dix-neuf millions & demi feulement : les Rois d'Efpagne en obtinrent l'octroi des
Papes, & il leur fut accordé fous
peine de nullité & d'excommu-
nication, en cas qu'il fût jamais
excédé. Le Clergé en conféquence ne paye point les nouveaux impôts. Le fermier dans
chaque province s'adreffe au juge
Eccléfiaftique, & tâche de con-

venir avec lui d'un abonnement dont la répartition se fait ensuite par tête par le Juge même. Les fermiers y apportent d'autant plus de facilités, que ceux qui ont voulu exercer leurs droits à la rigueur avec le Clergé, se sont vus accablés de procès, d'excommunications, & ont été obligés d'abandonner la partie.

3°. Le droit de jeauge : il consiste dans quatre maravedis (7 d. ¼.) par arrobe.

4°. La dixme sur toutes les productions de la terre.

5°. Le service ordinaire & extraordinaire : c'est un droit de quatre réaux & de trois quartillos (23 s. 3. d.) qui se perçoit

40   *Considérations*

par chaque feu sur le bas peuple.

Instruct.
de Don
Mart. de
Loynaz.

Ces cinq parties étoient affermées en 1745, l'une dans l'autre, 8045000 écus de veillon, ou 21455200 liv. de notre monnoie.

Il est encore d'autres droits qui peuvent être regardés comme une suite des rentes provinciales ; comme la rente de l'eau-de-vie : c'est une répartition par tête de 523000 écus de veillon (1394467 liv. tour.) depuis que le Roi a renoncé au droit de la vente exclusive de l'eau-de-vie.

La rente sur le savon, affermée 110000 écus de veillon. (292870 l. tour.)

La rente sur les neiges, les cartes,

cartes, & autres petites parties, affermée 188400 écus. (501867 l. tour.)

Tous les impôts de l'Espagne portent, comme on voit, sur les consommations, & la partie comprise sous le nom de rentes provinciales est affectée plus particulierement aux consommations nécessaires & journalieres. Ce sont ces rentes provinciales, qui ont excité en Espagne le cri général & les gémissemens du peuple; c'est aussi sur elles que s'étend la reforme actuelle. Elles ne subsistent que jusqu'à l'exécution des mesures prises pour les remplacer.

La plûpart des écrivains de

D

cetté nation, & même des Miniſtres intelligens, ont imputé
les malheurs de leur patrie à la
nature feûle de ces impôts ; fans
doûte, parce qu'ils n'ont pas fû
la diſtinguer des vices particuliers qui n'appartenoient qu'à fes
accidents. Il eſt très-rare qu'un
peuple foit affez juſte & affez raifonnable pour être content du
tribut qu'il paye ; mais comme
c'eſt un devoir à remplir de fa
part, le légiſlateur a rempli le
fien, lorfqu'il a procuré à fon
peuple toutes les facilités qui
dépendent de lui, facilités néceffaires même à la durée & à
la certitude des revenus publics.

Dans l'origine & dans les tems

d'égalité, les secours que la société retiroit de chacun de ses
membres étoient personnels;
alors le citoyen le plus utile étant
le plus illustre, tous à l'envi dis-
putoient cet honneur. A mesure
que les différences s'introduisi-
rent, & que les genres d'occupation se multiplierent, il devint plus commode aux particuliers & plus avantageux à l'Etat,
d'évaluer en argent les besoins
publics. L'obligation fut toujours
la même, mais l'émulation dis-
parut insensiblement. Cependant
comme les hommes osent rarement avouer qu'ils ont cessé d'ê-
tre vertueux, on chercha des prétextes plausibles pour éluder la

proportion dans laquelle on devoit contribuer aux dépenses communes; & que n'imagine point l'avarice !

La feule barriere qu'on ait pû lui oppofer avec quelque fuccès a été de taxer toutes les efpéces de confommations.

C'eft une contribution journaliere & imperceptible que tout homme paye à l'amour de foi-même : celui qui s'étudie à tromper fes propres befoins, ne réuffit pas pour cela tout-à-fait à fe difpenfer de foulager ceux de la république. Cette efpéce d'hommes eft très-rare; le plus grand nombre ne fe croit riche qu'autant qu'il jouit, dès qu'on le peut faire en ſûreté. Ainſi chacun contribue communément en proportion des facilités qu'il à pour dépenſer : toutes celles que le Prince procure à ſon peuple pour s'enrichir , ſont des augmentations certaines dans ſes revenus.

Quoique cette vérité ſoit claire par elle-même, établiſſons l'hypothéſe ſuivante.

Si dans un Etat la nature & le ſalaire du travail permettoient à tout ouvrier de payer un tribut journalier de 2 ſ. & qu'on le perçût ſur tout homme en âge de travail , il eſt conſtant que l'Etat ſeroit riche tant que le travail ſubſiſteroit , & en pro-

portion du nombre des hommes
en âge de travail.

Nul impôt ne seroit plus simple & d'une régie moins couteu-
se. Il seroit à la vérité considérable dans sa totalité , & si l'on
compare les 36 l. 10 s. que paye-
roit chaque membre de la société avec la taxe de plusieurs
millions d'hommes dans chaque
Royaume , celle-ci paroîtra exorbitante. Mais d'un autre côté
nous supposons un travail assuré,
& que le salaire du travail comprend la subsistance de l'ouvrier ,
aussi - bien que le tribut qu'il
doit payer.

Il est encore nécessaire d'ob-
server que dans toutes les cho-

ses qui ont rapport au gouvernement, il faut ployer les raisonnemens aux usages particuliers, aux manieres, aux foiblesses même des hommes gouvernés. Quoiqu'il soit égal dans la spéculation de payer 36 l. 10 s. au bout de l'année, ou 2 s. journellement; dans la pratique cette derniere méthode est plus facile. Chacun sait que la présence d'un besoin, soit réel, soit imaginaire, devient plus prochaine à mesure que les facilités de le satisfaire sont plus grandes.

Si je ne craignois de citer un exemple honteux & criminel, j'appuyerois l'une & l'autre réflexion par l'expérience de ce qu'on fait qui fe paffe à Paris, entre ces hommes infâmes qui s'enrichiffent de la fueur des pauvres, & les perfonnes du peuple aufquelles ils prêtent chaque jour un écu fur une rétribution journaliere d'un ou deux fols. Quelque énorme & condamnable que foit cette ufure, elle n'eft point auffi à charge au débiteur que l'intérêt de la loi fur une acquifition en fonds de terres, par exemple, parce qu'elle eft le fruit du travail, & acquittée journellement ; c'eft le public qui la paye.

Malgré les avantages apparens de cette maniere de percevoir les tributs fur un peuple,

elle

elle feroit vicieufe dans fa nature , parce qu'elle blefferoit les
principes de la juftice diftributive. Le pauvre , c'eft-à-dire,
celui qui ne peut fubfifter que
par le falaire d'autrui , contri-
bueroit autant que le riche ; &
quoique le prix de l'induftrie
foit en outre payé par le riche
lorfqu'il confommé , la proportion ne feroit pas égale par plufieurs raifons.

On ne peut établir aucune forte de comparaifon entre l'obligation de payer , & celle de confommer.

Secondement, la contribution
s'étendroit, fans aucune différence fur les denrées de premiere

néceffité, & fur celles des diverfes claffes de luxe; le pauvre
qui fait lui-même travailler d'autres hommes, la reffentiroit
donc auffi immédiatemenr que
le riche. Cela feroit d'autant
moins jufte, que l'effet de la
concurrence étant d'ailleurs de
diminuer les profits, il en ré-
fulteroit que le riche ne rem-
bourferoit au pauvre qu'une partie de fa contribution & de fa
dépenfe.

Les bons & les mauvais effets
de l'hypothéfe propofée, nous
développent deux conféquences
importantes.

1°. Toute contribution, ou
toute opération de Finance, ne

peut avoir de bafe folide que
le travail du peuple. Il eft clair
que fi la valeur du falaire dou-
bloit & pouvoit fupporter un
impôt journalier de 4 f. auffi-
bien que de 2 f. fans nuire à la
continuation du travail, le tribut ne feroit pas plus onéreux
proportionnellement dans l'un
que dans l'autre cas.

Ce travail du peuple ne confifte que dans l'agriculture, le
travail induftrieux & la navigation : tant qu'aucune de ces
parties ne fouffrira des opérations de la Finance, les impôts
ne feront point trop péfans. Par
conféquent le feul moyen utile
& certain d'accroître les reve-

nus publics, c'eft d'augmenter les manieres d'occuper le peuple.

2°. Un impôt proportionné fur les confommations, raffemble tous les avantages de l'hypothéfe propofée, & ne fouffre aucun de fes inconvéniens.

Outre que cette contribution eft imperceptible, elle eft réglée fur les principes de la juftice diftributive. Car il n'eft pas injufte que le néceffaire phyfique deftiné au pauvre, foit foumis à la même taxe que le néceffaire phyfique à l'ufage du riche; parce que chaque homme, comme enfant de la République, lui doit un fecours perfonnel &

égal à celui qu'elle reçoit d'un autre homme. Cependant comme celui qui poſſéde le plus ſous la protection de l'Etat, doit contribuer dans une nouvelle proportion tirée de l'intérêt qu'il porte à ſa conſervation ; le tarif doit diſtinguer diverſes claſſes de néceſſité dans les conſommations.

Pour ne point s'égarer dans l'opération, il ſuffit de proportionner dans chaque lieu le droit ſur les premieres néceſſités à la valeur du ſalaire le plus modique. Une gradation inſenſible augmente le droit ſur les autres genres de conſommations, juſqu'à ce qu'elles méritent le nom

de fuperfluités agréables. Alors
le droit peut abandonner la pro-
greffion géométrique qu'il a fuivie fur les chofes de premiere
néceffité, jufqu'à celles de com-
modité inclufivement, pour en
établir une plus forte fur les
denrées de luxe. Mais il faut
obferver cependant de ne pas
établir le droit fur un pied affez
fort pour faire perdre l'envie
de confommer, ou faciliter la
fraude. On peut affurer qu'en
Europe cette partie des Finances eft encore bien loin de fa
perfection, & principalement
dans les Pays où les propriétaires
des terres fe font procuré le
privilége abufif de faire entrer

les productions de leur crû sans
rien payer. Leur domicile naturel est leur héritage, & ils
n'en peuvent choisir de plus
avantageux pour l'Etat; ainsi ils
doivent l'en dédommager lorfqu'ils se transplantent dans les
villes. Ce seroit une conduite
encore plus maladroite que de
taxer les matieres premieres propres aux manufactures & l'entrée des ouvrages de la campagne apportés dans les magasins des chefs lieux.

Tant que le droit est réglé
sur ce principe, que les pauvres
travaillent pour vivre, & que
les riches ne peuvent joüir de
leurs biens sans dépenser, tout

est dans l'ordre : tant que les uns travaillent & que les autres dépensent, l'Etat est dans la prospérité. L'un est nécessaire à l'autre ; car si la dépense diminue, le travail souffre la même perte ; par le déclin du travail les consommations du peuple s'affoiblissent, & le riche qui est propriétaire des denrées de premiere nécessité, voit bientôt diminuer les moyens qu'il avoit de dépenser, tandis que les charges publiques s'accumulent sur lui.

Économies politiques. On propose cependant contre l'impôt sur les consommations journalieres & nécessaires, deux objections que je ne dois pas diſſimuler. Le pauvre, dit-on, chargé d'une famille nombreuſe, ſe trouve très - malheureux de contribuer aux revenus publics dans une proportion plus forte que ceux de ſes égaux qui ont moins d'enfans ; d'où il réſulte une crainte du mariage & un vuide dans la population de l'Etat.

Je comprens toute la force de ce raiſonnement ; mais je demande s'il eſt une eſpéce d'impôt à laquelle on ne puiſſe l'appliquer ? une repartition perſonnelle & arbitraire, faite par des Anges, ſeroit la ſeule exception : par malheur le ſoin en ſeroit confié à des hommes, &

les hommes sont gouvernés par
leurs passions. Nous aurons bientôt occasion d'en parler ; en at-
tendant il paroît qu'entre le
choix des dangers, le moindre
est préférable.

Indépendamment de cette
réponse générale, on en peut
apporter de plus satisfaisantes,
qui seront prises dans la nature
même de la chose. Nous avons
supposé un travail suffisant pour
occuper la totalité du peuple, &
des impôts assez modérés pour
ne point nuire à l'industrie. Car
sans travail, envain se flatteroit-
on de conserver long - tems le
peuple, & si les salaires sont
bornés pour l'ordinaire à la va-

leur du néceſſaire rigide, ces divers genres d'occupation ſeroient bientôt abandonnés. L'Eſpagne nous en fournira l'exemple dans un autre endroit.

Pour aſſeoir les impôts ſur les conſommations journalieres de premiere & de ſeconde néceſſité, on établit ſon calcul ſur la dépenſe du commun du peuple, & par conſéquent ſur la proportion du ſalaire le plus ordinaire, puiſque c'eſt le ſeul moyen que cette claſſe du peuple ait de dépenſer. Ainſi chaque homme eſt cenſé pouvoir nourrir une famille avec ſon travail ; celui de ſa femme doit encore être compté, & dès que les enfans ont atteint

l'âge de fept à huit ans, ils font
en état de remplir foit dans la
campagne, foit dans les manufactures quelque emploi utile.
Si le nombre de ces enfans excéde cependant les facultés des
parens, ils ont des afiles que la
charité leur a deftinés dans tous
les pays, jufqu'à ce qu'ils ayent
appris dans cette école à gagner
leur vie. Plufieurs légiflateurs
ont même décerné des récom-
penfes aux chefs des nombreufes
familles : la pratique d'un régle-
ment fi fage ne peut être difpen-
dieufe, & fon exemple produit
des effets très-utiles. L'œconomie ne confifte pas pofitivement
à épargner l'emploi de l'argent,

ce seroit dire qu'un homme qui fait une dépense de mille écus pour réparer une prairie d'un bon fonds, ne fait pas faire valoir son domaine.

Si nous supposons un Etat où la dépense générale du peuple soit évaluée à 250 liv. par tête, & que sur une famille de dix enfans, quatre soient élevés au travail aux dépens du public, en cas que leurs parens n'en ayent pas la faculté ; il est évident que jusqu'à l'âge de douze ans cette éducation n'aura pas couté mille écus. Mais si ces quatre enfans travaillent seulement pendant douze ans en sus, ils auront au moins contribué personnelle-

ment aux dépenſes de l'Etat de
1200 liv. leur travail aura produit au public, en circulation,
12000 liv. dans ces douze années.

Cettecirculation de nouvelles
valeurs aura apporté annuellement dans l'Etat une nouvelle
ſubſiſtance pour quatre autres
hommes; puiſqu'il eſt clair que
les 250 liv. gagnées par chacun
de ces quatre enfans, paſſeront
dans les mains de tous ceux qui
fourniront à leur ſubſiſtance, à
leur nourriture, à leur logement.
Ce n'eſt pas que le travail de
quatre hommes de plus dans
l'Etat, én attire poſitivement
quatre autres. Comme la quan-

tité des productions de la terre
excéde d'ordinaire la quantité
des consommations, & que chaque ouvrier n'est pas toujours
tellement occupé qu'il ne puisse
augmenter son travail ; il en résulte simplement que les productions de la terre consom-
mées par ces quatre nouveaux
hommes, se vendent mieux,
& que les ouvriers occupés par
eux se trouvent une augmentation d'aisance. Mais on conçoit
en même tems que si dans un
bourg de 1800 habitans, au lieu
de quatre nouveaux travailleurs
il en arrivoit 200, leur présence
occasionneroit bientôt un second accroissement de popula-

tion. S'il paroît malaisé de la déterminer au juste, on peut dire cependant qu'il est difficile de supposer que l'occupation des anciens habitans puisse être augmentée de plus d'un dixiéme; ainsi probablement ce second accroissement de population seroit de 100; & il seroit lui-même suivi d'un troisiéme, & ainsi de suite. La dépense de tous ces hommes nouveaux pour la nourriture, augmenteroit nécessairement le prix des productions de la terre aux environs ou leur quantité. D'où l'on démontre clairement que si le propriétaire de la terre donne le mouvement principal à la circula-

tion

tion dans l'Etat, il est également certain que tout le produit du travail de l'Etat revient au propriétaire de la terre.

On ne compte point d'être éloigné de son sujet dans cette petite recherche, puisque le nombre des hommes, leur occupation & leur aisance, sont la source unique des Finances.

La seconde objection n'est pas moins spécieuse, mais elle est également facile à résoudre. Les frais de la régie, dit-on, sont une charge de plus sur le peuple, dont l'Etat ne profite point.

On ne peut pas nier ce fait; mais les conséquences n'en peuvent être reprochées à la nature

F

de l'impofition. Tous les divers
genres de tributs exigent une
perception ; ce n'eft pas fa dépenfe qui fatigue réellement le
peuple, fi on lui procure d'ailleurs des facilités dans le recouvrement. La plus grande des facilités, fans contredit, eft de recevoir chaque jour par les plus
foibles portions le contingent de
chaque contribuable. L'on doit
ajouter à cette confidération l'é-
pargne des exécutions, qui tombent immédiatement fur le pauvre dans les autres manieres de
contribuer. Si l'on examine at-
tentivement la portée de celle
dont nous parlons, on ferabien-
tôt convaincu qu'elle rendra

beaucoup davantage qu'aucune
autre , tous frais de régie dé-
duits ; & que ces frais feront
perçus , fur ce que les riches
payeront de plus qu'ils ne paye-
roient par d'autres voies. Enfin
le pauvre y contribuât - il pour
quelque chofe , j'en reviendrai
toujours à ce principe évident ,
qu'il n'importe pas tant au bon-
heur du peuple de porter peu
d'impôts, que d'être occupé pour
les porter facilement.

C'eft donc à d'autres circonftances , qu'il faut rapporter les
funeftes effets que l'Efpagne a
reffentis d'une impofition fi douce , & fi abondante par elle-
même.

Le dérangement de cette Monarchie, les non‑valeurs de ses Finances, & l'accablement du peuple, ont eu des causes générales & particulieres : nous allons tâcher d'en suivre le fil.

Voici ce qu'en disoit en 1698 M. Davénant, écrivain Anglois, aussi judicieux que profond.

« L'Espagne est un exemple
» frappant des funestes effets
» qu'opérent dans un Etat d'an‑
» ciennes dettes publiques, de
» l'embarras, & de l'impuissance
» même où elles jettent l'ad‑
» ministration. Les principales
» branches des revenus de ce
» Royaume, sont employées à
» payer les intérêts des sommes

» empruntées il y a une cen-
» taine d'années : & la substance
» destinée à nourrir le corps po-
» litique, se trouvant détournée
» à d'autres usages, il est deve-
» nu foible, incapable de résis-
» ter aux moindres accidens.
» Lorsqu'un peuple réduit dans
» cette position, vient à s'enga-
» ger dans des guerres étrange-
» res ; il est évident que ses en-
» nemis doivent peu redouter
» sa puissance, & que ses alliés
» ont très-peu de secours à en
» espérer.

» Ces vastes anticipations sur
» les revenus futurs ont com-
» mencé vers l'an 1608, & ont
» continué d'année en année ,

» fans qu'on ait fongé à en di-
» minuer le fardeau. Cette né-
» gligence feule a plus contri-
» bué à énerver la Monarchie
» d'Efpagne, que toutes les au-
» tres fautes qu'elle a pu com-
» méttre.

　» Ce peut être l'intérêt de
» quelques perfonnes dans une
» nation, que les affaires du
» Prince foient embrouillées :
» fes revenus font un champ où
» il eft toujours très-facile de
» glaner, & le profit n'en eft
» jamais fi confidérable que dans
» les urgences publiques. Mais
» la totalité du peuple eft inté-
» reffée à l'œconomie du gou-
» vernement, & à la modéra-

» tion des impôts : cela devient
» impoſſible, lorſqu'une fois les
» dettes ſont aſſez conſidérables
» pour décourager les Miniſtres,
» ou pour dégoûter des premie-
» res places ceux qui ſont les
» plus capables de les remplir.
» C'eſt préciſement ce qu'on a
» vu arriver en Eſpagne : l'em-
» barras de ſes affaires a été tel,
» que, quoique ſes revenus
» ſoient preſqu'auſſi conſidéra-
» bles que ceux de la France,
» elle a manqué d'argent pour
» avoir des flottes & des armées
» de terre. Cette réflexion, il
» n'en faut point douter, a ef-
» frayé dans cette nation, les
» honnêtes-gens, dont l'habileté

» eût été propre à rétablir les
» affaires. Telle a été la source
» des négligences , & de la foi-
» bleſſe ſi remarquables dans les
» conſeils de cette Monarchie.

» En général partout où les
» Finances ſont dérangées , les
» vexations s'accumulent ſur le
» peuple. A la vérité l'intérêt de
» quelques hommes puiſſans ;
» eſt de vivre ſous une admi-
» niſtration relâchée, parce qu'a-
» lors les revenus publics , les
» loix , & toutes les parties du
» gouvernement ſe reſſentent de
» cette foibleſſe. La grandeur
» de ces particuliers conſiſte à
» tromper leur Prince ; & c'eſt
» alors que les loix ſe vendent à
» plus

» plus haut prix, que les injuſ-
» tices, les préférences odieuſes
» rapportent de plus grandes
» ſommes. »

Don Geronimo de Uſtariz,
Saavedra & d'autres Ecrivains
Eſpagnols conviennent eux-mêmes de ces principes, & je n'ai
recours à une autorité étrangere
que parce qu'elle eſt moins ſuſ-
pecte pour l'ordinaire.

Celle de la raiſon ſuffit pour
ſentir à quels funeſtes revers les
dettes publiques conduiſent
inſenſiblement un Etat. Tout
emprunt emporte avec ſoi un
intérêt ; cet intérêt eſt une
augmentation annuelle de dépenſe ; cette augmentation de

dépenfe entraîne celle de l'impôt. Depuis 55 ans, les revenus
publics de l'Angleterre font
accrus d'un tiers fans que la
puiffance extérieure y ait gagné,
& elle eft encore moins en état
de faire la guerre aujourd'hui
fans emprunts qu'en 1700. Lorfqu'un Pays eft réduit à ces reffources fi cruelles pour la pof-
térité, l'argent s'y refferre au
moindre mouvement qui parôît
dans les affaires, parce que le
propriétaire de cet argent eft
affuré de dicter les conditions
d'un traité néceffaire. La facilité
de fe faire un revenu fans travailler, favorife la pareffe; elle
entretient un petit nombre d'ha-

bitans aux dépens du reste du Public. Car c'est le propriétaire des terres, le laboureur, l'artisan, le manufacturier, le navigateur, qui payent les intérêts dûs par l'Etat. Le créancier public est assuré de sa rente, & ceux qui la payent ne sont point certains du produit de leurs terres, de leur industrie. Dès-lors les emprunts appellent à eux les capitaux destinés auparavant à faire fleurir l'agriculture & le commerce. Si ces prêteurs sont des amas d'argent ou possédent déja par diverses circonstances, une partie de celui qui existe, ils en feront le monopole, soutiendront le taux de l'intérêt, intervertiront le cours naturel de la circulation dont le mouvement devroit être donné par les propriétaires de la terre, & dont la rapidité est le produit des consommations du peuple, c'est-à-dire, de l'aisance publique.

Ainsi cette cause générale en dut produire de particulieres, & les causes particulieres influerent à leur tour sur la cause générale.

Les détresses de la Monarchie firent éclore une foule de projets & d'expédiens dont l'avantage momentané fit fermer les yeux sur la misere dont ils menaçoient la postérité. Les auteurs

de ces fortes de propofitions,
connus fous le nom générique
d'*arbitriftas*, fe multiplierent à
un excès fi prodigieux, que
ce nom n'eut plus qu'un fens
odieux, & enfin, il devint l'objet du ridicule & du mépris fur
les théatres.

En général, tout ce qu'on
appelle traité ou affaire extraordinaire, eft une maniere de lever de l'argent fur une claffe
particuliere des Sujets. Le recouvrement toujours compli-
qué, cache d'abord au Prince
l'étendue de la reffource qu'on
lui a propofé; les Sujets ont
beaucoup payé, l'Etat a été peu
fecouru; le Traitant s'eft en-

G iij

Diaion.
Efpag. de
l'Acadé-
mie de
Madrid.

richi, une branche de Finance s'est defféchée. L'obfcurité du recouvrement multiplie les formalités, les extorfions, & leur effet eft fouvent de doubler la péfanteur de la charge. A la place de ces traités, une impofition générale feroit d'un produit plus abondant, plus durable; la perception feroit claire, douce, égale, jufte; les profits exorbitans du Traitant, toujours dangereux en ce qu'ils réduifent l'argent en monopole, & déroutent la circulation, feroient épargnés. Mais le choix exige une profonde combinaifon relative aux manieres de vivre des habitans, à la diftribution des richesses, à la nature des autres impôts qui subsistent.

Aucune espéce d'imposition n'est plus susceptible d'une ressource prompte, assurée & imperceptible, que celle qui s'étend sur les consommations journalieres & nécessaires ; mais les dangers qui l'accompagnent compensent sa facilité. Lorsque l'impôt est une fois établi dans une proportion raisonnable avec le travail, ce sont les bornes précises ausquelles il convient de s'arrêter : tout excès alors détruit immédiatement ce travail, & la faute est punie par le déclin général de toutes les branches des revenus publics.

C'eſt ſur le commerce que
retomberent ordinairement ces
augmentations forcées , parce
que peu de gens en connoiſſoient
bien la nature. Dans un Etat où
regne cette ignorance, c'eſt toujours la partie la moins défen-
due ; ceux qui peuvent élever
la voix en ſa faveur, y ſont en
petit nombre , iſolés, obſcurs ;
& la bonne cauſe partage l'avi-
liſſement de ceux qui la ſou-
tiennent. Les hommes riches &
puiſſans, au contraire, ſavent
faire reſpecter leur cupidité ſous
des prétextes honnêtes, & l'on
ne balance preſque jamais entre
deux parties, dont l'une allégue
de bonne foi pour raiſon ſon

intérêt perfonnel , tandis que l'autre le diffimule. C'eft ainfi qu'en Efpagne le commerce fut foumis à la Finance , qui ne peut cependant jamais tenir que de lui fa vigueur & fon exiftence. L'agriculture néceffairement attachée à la fortune du commerce en reffentit les malheurs par dégrés infenfibles d'abord ; & enfin le commerce perdit à fon tour l'efpérance de fe rétablir lorfque l'agriculture fut anéantie.

Ecoutons à ce fujet un auteur Efpagnol , qualifié de Miniftre. « Il s'en faut bien, dit-il, que » la cherté de la fubfiftance foit » occafionnée par le droit des » millions. S'il fe percevoit feul,

Œconomie politique , 3e. Inftruction.

» il est constant que les consom-
» mations augmenteroient, &
» avec elles les revenus publics.
» Telle étoit l'institution de ce
» tribut : mais contre la disposi-
» tion expresse de la loi qui l'a-
» voit établi, les Regidors, plus
» intéressés au maniement des
» revenus publics, qu'au bien
» général, ont ajoûté aux mil-
» lions 14 p. $\frac{0}{0}$. d'alcavala &
» cientos sur les premieres &
» secondes ventes avec une infi-
» nité d'autres impôts.

» Comment est-il possible que
» le pauvre puisse subsister, lorf-
» qu'à la contribution journa-
» liere sur ses vivres on joint
» d'autres contributions plus
» fortes encore ?

» C'eft une chofe étonnante
» que de lire les repréfentations
» faites lors de la prolongation
» des millions. On y voit les Re-
» gidors exagerer la dureté du
» joug fous lequel les peuples
» gémiffent, chercher des mo-
» tifs pour refufer au Prince un
» impôt qu'il eût toujours fallu
» affeoir fur quelqu'autre objet,
» puifque les befoins de la Mo-
» narchie l'exigeoient. Mais en
» même tems, ils font très-opi-
» niâtres à demander la conti-
» nuation des revenus munici-
» paux, bien plus onéreux au
» peuple. Sans ceffe ils préfen-
» tent quelque nouveau projet
» d'impofition fur les provi-

» fions , fur les conducteurs ,
» les marchandifes & les mar-
» chands. Ils propofent des
» droits de romaine , de poids,
» de place au marché, de piquet,
» de boutique , & une infinité
» d'autres. »

Quoique l'auteur de ces réflexions fe contente de remarquer
que le peuple ne pouvoit plus
fubfifter par le redoublement
des taxes, il eft évident que fi
les travaux, c'eft - à - dire , l'a-
griculture & le commerce n'euffent fouffert de ces taxes, le peuple n'auroit point perdu les
moyens de fubfifter , & que les
revenus publics euffent fuffi aux
befoins de la monarchie.

Mais les taxes porterent sur le commerce & l'agriculture de quatre manieres différentes ; par leur propre excès, parce que les espéces ne furent point distinguées, par l'embarras des douanes dans l'intérieur du Royaume, enfin par la mauvaise méthode de la régie.

Le droit de 14 p. $\frac{o}{o}$. à chaque vente, rencherit les denrées dans une proportion trop forte pour ne pas nuire à leur exportation : les sources de l'opulence se tarirent. Non seulement la somme étoit exorbitante en elle-même, mais tout droit dont la perception n'est pas bornée au moment même de la confommation, doit être regardé comme un excès, deftructif du commerce étranger.

Cette opération lui donna fans doute le coup mortel, & fi l'impôt ne fit aucune diftinction entre les diverfes efpéces de confommation, ce ne fut qu'une bleffure fur un membre attaqué de paralifie. Cette mauvaife police ne peut pas être regardée comme un fimple oubli de la juftice diftributive; elle eft capable feule de fufpendre l'action du commerce, foit intérieur, foit extérieur d'un Etat. Car il ne fuffit pas que les matieres premieres ne foient point renchéries, non plus que les ouvrages, par des droits qui les affectent immédiatement ; il faut que le nécessaire physique soit à bon marché, suivant les lieux, & le genre d'industrie qui leur est propre : sans cela le genre d'occupation le moins lucratif sera abandonné. D'ailleurs dans chaque manufacture il est une proportion générale entre la main d'œuvre & la valeur intrinséque de la matiere employée ; & une proportion particuliere entre les salaires de chaque façon que reçoit la matiere, avant d'être portée à son point de perfection.

Si les espéces ne sont point distinguées, l'une & l'autre proportion ne peuvent subsister à la fois. Car l'ouvrier payé le moins cher fera dans un état trop malheureux pour continuer le même emploi; fi fon falaire augmente, l'ouvrier plus habile reclame la proportion particuliere de fon art, & alors la proportion générale ceffe, les marchandifes étrangeres gagnent le deffus dans la concurrence; fon effet naturel eft de diminuer les profits, cette diminution décourage les artiftes de la nation la plus chargée, s'ils ne font pas en état de la fupporter; la mifere s'introduit.

La multitude des douanes dans l'intérieur du Royaume, ajoûta un droit à des droits déja exceffifs;

excessifs ; elle rencherit & les
denrées & les matieres premieres ; arrêta l'industrie, les consommations, & dès lors la culture des terres. L'embarras des
formalités, & leur risque ordinaire ne furent gueres moins
nuisibles ; car sans ces formalités
la fraude anéantit le droit ; &
comme les moyens d'en éluder
le payement sont toujours infiniment variés, les formalités se
compliquent à l'infini. Le commerce étant ainsi assujetti entre
les provinces de l'Etat, aux mêmes précautions qu'il exige avec
des provinces rivales ou enne-
mies, il fut réduit à celui qu'une
nécessité absolue pouvoit entre-

tenir. Le nombre des acheteurs diminuant, l'abondance des choses à vendre souffrit la même altération ; le peuple perdit les moyens de s'occuper à mesure que la circulation des denrées s'anéantit ; le mariage devint une charge loin d'être une des douceurs de la vie ; le peuple s'y engagea plus difficilement, & ce qui est affreux à penser, quoiqu'une suite commune de la misere, il devint moins fécond ; l'Etat manqua de soldats, de matelots, d'ouvriers ; ceux qui restoient furent moins robustes, dès lors la quantité des ouvrages ne se trouva plus en raison du nombre des travailleurs ; enfin l'Etat vit ses revenus s'éteindre avec les consommations.

Il paroît donc que si l'aliénation des revenus publics avoit augmenté les besoins de la Monarchie, & nécessairement les taxes, le faux principe dont on partit pour l'assiette de ces taxes fut également funeste. La méthode de les administrer ne fut pas moins vicieuse.

Les droits sur les consommations journalieres furent affermés, ainsi que les revenus des douanes.

Le Fermier, à la vérité, semble plus propre à faire valoir un fond inconnu ; il est même des genres de consommation d'un si

grand détail, que malgré l'exemple de l'Angleterre, il paroît
plus sûr d'employer leur art.
Mais la perception des droits
d'entrée dans les villes de l'intérieur n'exige que des commis
fidéles, & choisis sans faveur,
dont l'infpection peut être exer-
cée avec autant de vigilance & à
moins de frais que par des compagnies.

On en peut dire autant de
l'adminiftration des douanes,
avec cette différence que celle
des droits de l'intérieur intéreffe
plus particulierement la fomme
des revenus publics, & que l'adminiftration des douanes intéreffe le fond même fur lequel

ils sont assis. Il est certain qu'en
Espagne les droits des douanes
furent portés à un point si ex-
cessif, que le Prince consentit
pour son propre intérêt, à des
remises; mais le fermier n'avoit
point attendu cette permission
pour en user de même. Nulle
espéce ne se trouva prohibée
dans le fait, dès qu'on offrit d'en
payer un droit, & alors elle pas-
soit sous un autre nom. Toute
la rigueur des Fermiers fut re-
servée aux sujets, tandis que
leurs graces secrettes attiroient
le négotiant étranger au préjudice de la nation.

Enfin l'un & l'autre genre
d'imposition demande des faci-

'lités très-délicates : c'est ce mé-
nagement que le laboureur mer-
cenaire ne pratique point dans
le champ d'autrui, parce qu'il
n'est pas retenu par l'esprit de
propriété.

Il paroît qu'en Espagne on n'a
jamais bien connu la portée de
l'impôt sur les consommations
journalieres, malgré la précaution qu'on prenoit d'obliger les
Fermiers à présenter, sur fer-
ment, l'état véritable de leurs
produits. Don Miguel de Zabala dans un mémoire adressé à
Philippe V en 1734, représente
à ce Prince que les rentes provinciales n'étoient affermées que
sept millions d'écus, tandis

qu'elles devoient en produire
76 d'après un calcul très-modéré
de la consommation générale.
On fera peut-être bien aise de
le voir ici.

» Pour juger, dit cet écri-
» vain, du tort immense que
» font à Votre Majesté les trop
» grands profits des Fermiers &
» des Soufermiers, les graces
» d'ufage accordées aux riches
» & à ceux qui ont quelque au-
» torité, enfin les contrebandes;
» il fuffit de comparer ce que
» reçoit V. M. pour les rentes
» appellées provinciales dans les
» vingt - deux départemens où
» elles font établies avec le pro-
» duit apparent, calculé fur

» une confommation fort au-
» deffous de ce qu'elle eft réel-
» lement.

» Je fuppofe que fur toutes les
» chofes qui entrent dans la con-
» fommation , on paye le droit
» d'Alcavala qui eft de 10 p. $\frac{o}{o}$.
» & les 4 p. $\frac{o}{o}$. additionels , en
» tout 14 p. $\frac{o}{o}$. Je n'ignore point
» que ce droit eft réduit le plus
» communement à 10 p. $\frac{o}{o}$: mais
» il eft perçu en entier fur ce
» qui fe vend en détail. D'ail-
» leurs il fe répéte à chaque
» vente, & à la derniere le mon-
» tant de ces divers payemens
» eft compris dans la valeur de
» la marchandife.

» J'évalue à quatre mois dans
» l'année

» l'année les jours d'abstinence,
» quoique le plus grand nombre
» ne les observe pas ; & la con-
» sommation de la viande de
» boucherie à 8 onces (*les 8 on-*
» *ces Castillanes en font* 7 $\frac{2}{3}$ *poids*
» *de mar.*) par jour. Ce n'est
» point trop si l'on fait attention
» au déchet de la cuisson & des
» os.

» Pendant les huit mois ce
» feront 121 liv. $\frac{1}{2}$. le prix à 5
» quartos (3 *s.* 6 *d. tour.*) par
» livre, l'une dans l'autre le
» total monte à 2430 marave-
» dis.

D R O I T S.

» Les droits d'Alca-
» vala & Cientos à
» 14 p. $\frac{o}{o}$. 10 r. 00 m. ⎫ réaux. m.
» Le droit de millions ⎬ 38.20.
» à 8 maravedis par ⎪
» liv. . . . . . 28. 20. ⎭

» Je suppose une
» consommation d'une
» once de lard par jour,
» ce sont 15 liv. pour
» les 8 mois qui à 32 m.
» (5 *f.* 1.) par livre mon-
tent à 480 marave-
dis.

» Les 14 p. $\frac{o}{o}$. d'Al-
» cavala & Cientos,

» • • • • • • • • 1. 33.⎱
   » Le droit de mil-⎰ 5. 17.
» lions à . . . . 3. 18.⎰

» J'évalue la consom-
» mation du vin par
» jour à deux chopi-
» nes excisées, c'est-
» à-dire le 8ᵉ rabatu,
» ce sont dans l'année
» 20 arrobes & 10
» chopines, (471 *liv.*
» *pesant poids de marc*)
» la chopine est estimée
» en petite jauge, à 12
» maravedis (1 *s.* 10
» ½. *tour.*) l'une dans
» l'autre, ce qui fait
» un total de 8760 ma-
» ravedis.

» A ce prix les droits.

» des millions & des

» impôts font de 2531

» mar. ou . . 74. 15.

   » L'Alçavala & les   100. 5.

» Cientos fur les 6228

» m. reftans, 25. 22.

   » La confommation

» de l'huile tant pour

» brûler, que pour le

» déjeûner & le fouper

» peut aller à une de-

» mi-chopine par jour,

» & dans l'année à

» 182 chopines ou li-

» vres & demie. Le

» prix moyen en pe-

» tite jauge eft à 24 m.

» (3 f. 9 d. t.) ce qui

» forme un montant

» de 4380 maravedis.

» A ce prix les
» droits des millions
» & des nouveaux im-
» pôts vont à . . 27. 22.
» Les 14 p. $\frac{o}{o}$. fur les
» 3438 maravedis ref-
» tans à . . . . 13. 5. $\}$ 41. 29.

» La confommation
» du vinaigre peut être
» eftimée à un quart de
» chopine par jour ,
» c'eft-à-dire, à 91 par
» an, au prix moyen
» de 8 maravedis (1 *f.*
» 2 *d. tour.*) par an ;
» ce fo   gten ave-
» dis.

» Le droit de mil-
» lions fur cette partie
» va à . . . 5. 19.

» Les 14. p. o/o. d'Al-
» cavala fur les 540 } 7. 26.
» maravedis reſtans ,
» . . . . . 2. 7.

» Le droit de jau-
» geage fur les liquides
» à 4 m. par arrobe. 3. 16.

» Chaque perſonne
» peut bien confom-
» mer par an ſix fa-
» negues de froment
» (420 *l. peſant à* 70
» *liv. la fanegue*) cha-
» que fanegue à raiſon
» de 12 réaux , (3 *liv.*
4 *ſ. tour.*) le total moẹ-

» te à 72 réaux. Quoi-
» que les laboureurs
» ne payent point les
» droits d'Alcavala &
» Cientos sur les grains
» qu'ils consomment,
» cependant comme ils
» sont imposés par co-
» tisation à raison de
» cette denrée, j'éva-
» lue le droit à 5 p. %.   3. 20;
    » J'évalue les autres
» consommations inté-
» rieures & extérieures
» à 120 réaux (32 *liv.*
» *tour.*) par an, le droit
» à 14 p. %. 16. 20;

            (a) 217 r. 16. m.

(a) 57 liv. 17 f. 2 d.

            I iv

» Pour établir des calculs fans
» réplique je me borne à fup-
» pofer trois millions cinq cent
» mille perfonnes de l'un &
» l'autre fexe, depuis l'âge de
» quinze ans & au-deffus.

» Suivant l'état modéré des
» confommations que je viens
» de donner, il eft clair que cha-
» cun de ces contribuables paye
» l'un dans l'autre 217 réaux
» 16 maravedis ; ce qui forme
» un capital de 76104411 écus
» de veillon. (191499464 liv.
» tour.)

» Je n'entens pas affirmer que
» les confommations de chaque
» individu foient telles que je
» les ai évaluées : j'ai feulement

» voulu donner une idée des
» confommations générales par
» le détail de quelques-unes des
» principales. Les uns confom-
» ment plus que les autres fur
» un article ; & il en eſt beau-
» coup dont je n'ai point fait
» mention quoique d'une con-
» fommation très-étendue, com-
» me le ſucre, le cacao, la va-
» nille, le poiſſon pendant les
» quatre mois d'abſtinence que
» j'ai ſuppoſés & une infinité
» d'autres objets. Mais ils ne
» laiſſent pas de ſe compenſer
» entr'eux ; & ſi l'on ſuppute en
» détail la dépenſe particuliere
» de chacune des diverſes claſſes
» du peuple on verra qu'il y a

›› beaucoup à ajoûter à mon éva-
›› luation.

›› J'avoue que le plus grand
›› nombre des contribuables ne
›› dépenfe pas en vêtemens &
›› autres ufages, les 120 réaux
›› que j'ai paffés en compte. Mais
›› fi fur dix mille il s'en trouve
›› mille feulement, hommes ou
›› femmes, qui dépenfent par
›› an l'un dans l'autre vingt dou-
›› blons, quand même les neuf
›› autres mille ne dépenferoient
›› rien du tout, mon compte fur
›› la totalité n'en feroit pas moins
›› exact. Si l'on veut parcourir
›› les différens ordres de la fo-
›› ciété, on verra qu'un feul de
›› fes membres dépenfe quel-

» quefois pour cent autres &
» plus ; indépendamment des
» occafions de fafte comme les
» nôces & autres cérémonies. »

Sans garantir l'exactitude de
ce tableau, on en peut du moins
inférer que fur les denrées les
plus communes, les produits
d'une bonne régie peuvent être
immenfes, fous des droits mé-
diocres. Ce font même ceux
qui rendent le plus, excepté
dans les très-grandes villes : mais
les perfonnes qui ont régi ces
fortes de droits en connoiffent
prefque feules la portée, parce
que très - peu d'autres fe donnent la peine de combiner les
effets d'une petite fomme jour-

nellement & nécessairement accumulée. L'inexpérience alors, toujours indocile, déclame vaguement contre les calculs de la théorie, & les principes sont taxés du nom odieux de sistême. Il est constant cependant que l'objet de toute spéculation clairement démontrée peut être atteint dans la pratique, si l'on est assez intelligent pour saisir la méthode la plus convenable aux circonstances particulieres. C'est le fruit du tems, du zéle & du génie.

Les besoins urgens de l'Etat ne permirent pas sans doute de faire ces recherches; les avances des fermiers furent une

raison déterminante en leur faveur. On n'obferva point que
l'impôt fur les confommations
journalieres & néceffaires, fait
entrer chaque jour des fommes
confidérables dans le tréfor
Royal; enfin que c'eft au crédit
public que les Fermiers ont recours pour ces mêmes avances &
à un intérêt toujours plus léger
que celui qu'ils reçoivent. La
folidité de leurs entreprifes eft
l'unique motif de la confiance
publique; l'œconomie de l'Etat,
l'augmentation de fes revenus,
& fa fidélité pouvoient donc lui
procurer encore plus fûrement
les mêmes avantages. Au contraire le difcrédit eft une fuite

du désordre dans la fortune des États, comme dans celle des particuliers. Les urgences publiques rendirent le Gouvernement peu difficile sur les conditions des emprunts ; & par une nouvelle faute, il en reclama souvent la dureté au tems de l'exécution de ses engagemens, soit pour la différer, soit pour s'en dispenser. Les besoins revenoient bientôt, & les prêteurs effrayés par des exemples précédens ajoûtoient un nouveau prix à leur argent en compensation des plus grands risques qu'il couroit.

M. Davenant, que j'ai déja cité, propose à l'égard des Fer-

Œconomies politiques, 5.Partie.

thiers un parti mitoyen, qui,
dans certaines occasions, pourroit encore être simplifié. « Les
» opinions, dit-il, sont fort
» partagées sur cette question,
» s'il est plus utile à la Couronne
» d'affermer ses revenus que de
» les mettre en régie : il paroît
» qu'ici, comme dans presque
» toutes les autres choses la
» vérité s'éloigne également des
» extrêmes... Il me semble qu'il
» est plus sûr de convenir d'a-
» bord avec les entrepreneurs
» d'une régie d'un prix fixe en
» leur allouant une somme pour
» leur régie, & de stipuler en-
» suite avec eux une gratification
» sur ce qu'ils feront rentrer au

» profit du Roi en sus de leur
» engagement. Lorsque les re-
» venus publics se perçoivent
» sous cette forme mixte, on est
» assuré d'un fond considérable,
» ce qui convient toujours aux
» intérêts du Roi : & si l'induf-
» trie des Fermiers fait valoir
» l'impôt au-delà de ce que l'on
» en espéroit, c'est l'Etat qui
» jouit de la plus grande partie
» de ce bénéfice. »

Non - seulement l'Espagne
n'eut point recours à cette œconomie, mais elle permit même
à ses Fermiers, de sous-affer-
mer à leur profit les diverses
parties de leur bail. L'abus alla
jusques à établir autant de ré-
gies,

gies, qu'il y avoit d'espéces de
droits sur la même denrée &
dans la même ville. Avec les
frais & le nombre des commis,
les gênes, les vexations & le
nombre des pauvres se multiplierent. Les peuples eurent lieu
de penser que de tous les lé-
gislateurs, il n'en est point de
plus séveres que les Traitans. Ils
ne se contenterent pas, comme
les autres, d'effrayer les hommes
par la crainte du châtiment, ils
commencerent par les supposer
coupables ; la plûpart des loix
qu'ils dresserent ne furent que
des piéges tendus à la bonne foi.
Comme si ce n'eût point encore
été assez cependant, le Prince

K.

ne dédaigna pas de leur confier l'exercice de la Souveraineté en leur permettant de décliner ſes tribunaux, de ſe choiſir des juges particuliers & de les payer; ils devinrent juges & parties.

Pour ſe ſouſtraire à des allarmes & à des extorſions continuelles, la plûpart des Communautés d'habitans s'abonnerént avec les Fermiers, à des conditions que dicta la violence.

Le malheur public fut porté à ſon comble ; les répartitions devinrent arbitraires & perſonnelles : c'eſt-à-dire, que l'injuſtice acheva d'écraſer les malheureux, que l'apparence même de l'induſtrie fut punie, & qu'enfin, chaque année le fardeau s'appéſantiſſant ſur les peuples les exécutions abſorberent le capital de l'impoſition. Il fut plus doux de renoncer à toute propriété ; les aumônes gratuites des couvents aſſurerent une ſubſiſtance à ceux que l'indolence, dernier période de l'accablement, retenoit encore dans leur patrie.

Il eſt impoſſible d'ouvrir aucun ouvrage Eſpagnol, ſur la police du Gouvernement, ſans y voir ces déſordres exprimés avec beaucoup de force ; à diverſes fois les Tribunaux & les Etats du Royaume firent des re-

préfentations très - pathétiques ;
à ce fujet, on prit des mefures
toujours infructueufes. On en
peut juger par la maniere dont
les Fermiers s'y prenoient encore en 1747 pour fe procurer
un abonnement.

Inftit.
de Dom
Martin
de Loy-
naz.

» Les Politiques prétendent
» que les régles du recouvre-
» ment doivent changer avec
» les circonftánces des lieux ;
» ainfi chacun a fa méthode,
» dont les Fermiers & les Sous-
» Fermiers fe prévalent par mille
» artifices pour parvenir à leur
» but. Il feroit trop long de fui-
» vre ce détail, & je me con-
» tenterai de donner l'exemple
» le plus ordinaire, de la ma-

» niere dont ils perçoivent les
» rentes provinciales.

» Il convient à un Fermier
» que la Communauté s'abonne
» & qu'elle lui paye la somme
» qu'il prescrit ; voici comment
» il s'y prend.

» Il envoye ses directeurs de
» confiance dans un lieu, &
» aussi-tôt leur arrivée ils som-
» ment le Conservateur ou le
» Magistrat, de leur faire déli-
» vrer un état détaillé du nom-
» bre des feux, des biens, soit
» affermés, soit en valeur entre
» les mains des propriétaires,
» du nombre & de l'espéce du
» bétail, de la quantité des se-
» mences & des fruits qui sont
» encore sur la terre.

» En même-tems il est défen-
» du de vendre aucune denrée
» sans en prendre une permif-
» sion, sans déclarer la quantité,
» la qualité & le prix ; ce n'est
» pas tout, il en faut une pour
» enlever les fruits d'un champ
» & les porter à la maison du
» laboureur. Après cette opéra-
» tion, on s'informe de ce que
» chaque propriétaire a payé
» de dixme, & l'on procéde à
» la vérification des déclarations.

» Si elles ne se trouvent pas
» en regle on intente un procès
» qui se décide au gré du Fer-
» mier, parce que les Juges font
» choifis & payés par lui. Il n'est
» point auffi facile qu'on le pense

» d'en appeller au Conseil, &
» d'y faire entendre toutes ces
» injustices : il faut pour cela
» des protections dont manque
» le commun du peuple. Consé-
» quemment à la permission
» de vendre que le propriétaire
» des denrées est obligé de pren-
» dre du Fermier, il doit rap-
» porter un certificat de vente,
» & du payement des droits.

» Il est naturel que chaque
» particulier s'empresse à se dé-
» livrer d'une pareille oppres-
» sion ; il sollicite le Fermier de
» lui accorder un abonnement à
» quelque prix que ce soit. Ceux
» qui ne s'abonnent pas sont
» visités à toutes les heures du

» jour & de la nuit dans l'inté-
» rieur de leurs maisons, & il
» n'est point de ruses, de gênes,
» de vexations dont on n'use à
» leur égard pour les y détermi-
» ner.

» Si votre Excellence se don-
» noit la peine de se faire ren-
» dre compte des seuls procès
» dont on a rappellé depuis
» dix ans au Conseil des Finan-
» ces, des supplices mêmes or-
» donnés à l'occasion des rentes
» provinciales, enfin du nombre
» de Familles que leur régie a
» ruinées, elle seroit pénétrée
» de la plus vive compassion.

» Les Seigneurs des lieux
» dans le dessein d'épargner à
leurs

» léurs vaſſaux des contraintes
» ſi dures, & des vexations ſi
» cruelles, ſe donnent des ſoins
» pour convenir avec les Fer-
» miers d'un abonnement géné-
» ral; on aſſemble la communau-
» té, & après bien des dépenſes
» on convient d'une ſomme.

» Les chefs pour ſe ſoulager
» eux-mêmes & pour augmen-
» ter les revenus municipaux,
» rejettent une partie de la char-
» ge commune ſur les maiſons,
» les boucheries, les auberges,
» les détaillans : par ce moyen
» les pauvres & les voyageurs
» ſont ceux qui payent la con-
» tribution. Cependant comme
» ces répartitions ne ſuffiſent pas

» toujours, on afféage les bois,
» les pâturages & autres terres
» communes, dont les peuples
» se trouvent privés. Enfin lors-
» que ces moyens ne suffisent
» pas, on a recours à une capi-
» tation sur les pauvres & les
» ouvriers.

» Pour être bien au fait de
» toutes les injustices particu-
» lieres qui se commettent, &
» des diverses circonstances de
» l'oppression générale, il fau-
» droit prendre des informa-
» tions précises dans chaque
» ville ou bourgade du Royau-
» me.

Ce morceau est très-propre à
faire comprendre le danger qu'il

y a d'ailleur des impôts sur les denrées trop près de la terre : car tous les defordres qu'on vient de lire, doivent s'introduire fucceffivement dans la régie de ces droits. Chacun cherche à éluder le payement des taxes, & la fraude, ou le foupçon de la fraude, produifent néceffairement des formalités nouvelles, des contraintes ; les Employés, de leur côté, pour faire valoir leurs talens ou leur zéle auprès de leurs Commettans, ajoûtent fans ceffe quelque chofe à la dûreté de la régie, fans égard aux circonftances locales. Leur but eft d'augmenter le produit actuel, & c'eft l'effet

momentané de toute précaution
nouvelle dans ce genre ; ils ne
s'occupent point de la durée des
produits; ils ne combinent point
la proportion réelle qui exiſte
entre le travail & la facilité du
travail, parce qu'elle eſt au-deſſus de leur portée. Il eſt vrai
que le Miniſtre avec de la fer-
meté & des vûes ſupérieures,
peut réprimer ces extenſions
dangereuſes de l'eſprit de la loi,
& défendre toute innovation
qui n'auroit point été diſcutée
devant lui par les Parties in-
téreſſées & autoriſées publique-
ment. Mais il a beſoin d'une
attention continuelle pour ſe
mettre à couvert des ſurpriſes,

parce que les motifs de ces innovations sont pour l'ordinaire préséntés d'une maniere spécieuse ; & aussi parce que les Hommes d'Etat ne sont pas toujours assez de cas de la connoissance séche & ennuieuse de la marche, soit du commerce, soit des finances. Elle est absolument nécessaire cependant pour appliquer les principes, & leur union seule conduit à trouver les expédiens propres à maintenir la balance entre le contribuable & le Régisseur.

Dans un autre mémoire adressé au Roi Philippe V en 1734, les désordres de la perception, & sur-tout ceux des

Œconomie politique, de Dom Miguel Zabala y antion.

répartitions par tête, sont expo-
sés d'une maniere frappante.

» Les rentes provinciales se
» levent par régie, ou par abon-
» nement par tête. Dans la régie
» ceux qui ont beaucoup de den-
» rées à vendre dans le lieu,
» ou qui ont le moyen de faire
» des provisions, jouissent de
» toutes les graces que peut
» comporter l'administration.

» Ils s'abonnent pour une
» somme modérée avec les ré-
» gisseurs ; ou comme ce sont
» les plus riches & les plus ac-
» crédités de l'endroit, ils s'en
» prévalent pour obtenir des
» franchises, quelquefois même
» pour faire la fraude, soit par

» eux-mêmes, soit par le moyen
» d'un grand nombre d'hom-
» mes oisifs toujours prêts à s'y
» prêter.

» Les pauvres dénués de cré-
» dit, & d'ailleurs obligés d'a-
» cheter journellement ce qu'ils
» consomment, payent l'impôt
» dans toute sa rigueur. …

» Si le droit se leve par abon-
» nement par tête, on se regle
» sur ce que chacun a payé pré-
» cédemment : le riche continue
» à jouir des mêmes franchises,
» tandis que le pauvre paye dans
» la proportion exacte de sa con-
» sommation. Pour surcroît d'in-
» justice, s'il se trouve des défi-
» ciens pour remplir la somme

L iv

» de l'abonnement, la réparti-
» tion s'en fait sur la totalité des
» feux.

» Cette répartition se fait par
» des Maires & Echevins qui
» commencent par s'épargner
» eux-mêmes le plus qu'il est
» possible; ensuite leurs parens,
» amis, cliens, éprouvent la mê-
» me complaisance. Les riches
» en général, sans être dans au-
» cun de ces cas, sont fort mé-
» nagés, soit parce qu'ils seront
» à leur tour dans les mêmes
» places, soit parce qu'ils se
» plaindroient de l'injustice d'au-
» trui, s'ils n'en partageoient le
» profit.

» Le pauvre peuple qui n'a

» pas la voix affez forte pour
» faire entendre fes plaintes ,
» ou qui ne peut le faire fans
» s'attirer la haine des riches in-
» juftes, fuccombe fous le far-
» deau dont on l'accable.

» Il en réfulte chaque année
» des non-valeurs , dont l'équi-
» valent eft réparti l'année fui-
» vante fur toute la commu-
» nauté avec la fomme de l'a-
» bonnement. Cette répartition
» s'opere toujours avec la même
» inégalité; & dès-lors ceux qui
» étoient déja furchargés s'obe-
» rent tout-à-fait; d'autres com-
» mencent à payer plus diffici-
» lement. Enfin d'année en an-
» née les déficiens augmentent

» avec la misere, & la misere
» s'accroît avec les répartitions.

» Les exécutions surviennent,
» & redoublent la difficulté du
» recouvrement par leurs frais,
» qui vont presqu'aussi haut que
» le principal, sans compter
» toutes les extorsions dont elles
» sont l'occasion & le prétexte.
» Enfin, la piété de Votre Ma-
» jesté fait remise à ses malheu-
» reux sujets, des anciens arré-
» rages qu'ils ont payés plusieurs
» fois par la dépense énorme
» des exécutions.

» De toutes parts on ne voit
» que des hommes oisifs & va-
» gabonds, dont une partie vit
» de ces exécutions ; les autres

» après avoir vendu le peu qui
» leur restoit pour payer une
» partie de l'impôt, & des frais
» des exécuteurs, se portent à
» mandier, souvent même à
» vivre de rapines. Ceux qui
» ont embrassé ce genre de vie
» errante y renoncent rarement;
» leur exemple en corrompt
» d'autres. La République man-
» que d'hommes laborieux pour
» tous les emplois les plus néces-
» saires de la société.

   » Cette dureté dans la nature
» de l'impôt arrête une infinité
» de mariages; telle est une des
» causes de la dépopulation de
» l'Espagne, & l'occasion d'une
» infinité d'excès parmi les per-
» sonnes du sexe. »

Tous les vices imputés en Efpagne à la nature de l'impôt fur
les confommations, n'étoient
donc réellement que ceux d'une
contribution perfonnelle & arbitraire, ou d'une police mal
entendue, conféquence inévi-
table de l'oubli des bons principes. Lorfque la trace en eft une
fois perdue dans un Etat, l'adminiftration ne fuit plus d'autre
plan que celui qui lui eft impofé
par la néceffité ; abandonnée au
caprice des circonftances, elle
ploye fous le joug des abus qui
parviennent même en vieillif-
fant à fe faire refpecter. Les
défordres accumulés pendant
des fiécles, ne laiffent au zéle

des vrais citoyens & des hommes d'Etat qu'un fentier gliffant environné de précipices fi dangereux, qu'il lui devient plus facile de fe frayer des routes nouvelles, que d'applanir l'ancienne.

C'eft l'image de ce qui s'eft paffé en Efpagne; les abus introduits dans la perception des rentes provinciales, avoient pris de fi profondes racines, qu'on a mieux aimé changer la nature du tribut que de le réformer.

Avant de parler de cette opération nouvelle, il nous refte à examiner quelques caufes des non-valeurs qu'éprouvoient les Finances d'Efpagne.

L'obscurité des loix fournit aux Fermiers une infinité de moyens de vexer le peuple ; & leur avidité toujours déguisée sous le prétexte de l'intérêt du Roi, les fit multiplier à un tel point, qu'eux seuls en furent les interprêtes comme ils en étoient les exécuteurs.

Il est évident que la portée d'un droit ou d'un impôt nouveau n'est jamais connue d'abord dans son étendue ; une bonne régie le conduit par dégrés à sa perfection ; mais il convient de distinguer la portée de ce droit tel que le Législateur l'a envisagé primitivement, d'avec l'extension de ce même droit entre

les mains des Régiſſeurs d'après
les clauſes implicites que renferme ſon établiſſement. Il eſt
clair que toute déciſion nouvelle ſur cette derniere partie,
eſt une augmentation du droit,
ou une nouvelle impoſition.
Ainſi avant de donner cette déciſion, il paroît à propos d'examiner les circonſtances. Car ſi
l'extenſion nouvelle affecte une
partie du peuple déja chargée
d'autres impôts payés difficilement, cette extenſion devient
ſurcharge, & elle nuira imman-
quablement à ces autres impôts.
Si la perception de ces autres
impôts étoit dans les mains du
Prince, le conſentement donné

à la nouvelle extenſion feroit donc perdre actuellement au Prince ſur ce qu'il reçoit par lui-même, tout ce qu'on feroit gagner à ſes Fermiers. Si, au contraire, la nouvelle extenſion d'un droit porte ſur des claſſes riches du peuple ou ſoulagées par des priviléges, ou enfin ſur des augmentations de conſommations occaſionnées par l'avance publique, elle devient une amélioration convenable & imperceptible dans une branche des Finances. Il ne s'agit plus que d'étudier & de ſuivre les produits de cette nouvelle extenſion du droit, afin de mettre le Prince en état de profiter de l'induſtrie l'industrie de ses Fermiers au premier renouvellement de leur traité.

Malgré les gênes de la contrainte, inséparables de la multiplicité des loix, la fraude fut considérable : indépendamment du tort actuel qu'elle fait aux revenus publics, elle détruit l'égalité de traitement, qu'il est important d'établir entre les sujets, & dès-lors les ressources de l'Etat qui en dépendent. Car celui qui fraude les droits sur une denrée, peut l'établir à tel prix qu'il gagnera, tandis que celui qui a acquitté les droits, se trouvera perdre sur la sienne, ou manquer l'occasion de la vendre. Cet abus eſt une ſuite néceſſaire de l'excès des droits ſur une denrée, ſur-tout ſi les facilités de s'y ſouſtraire ne ſont pas moins grandes que le bénéfice. L'appas de ce profit avanturier dérobe les hommes à la terre & aux arts paiſibles, ſouvent pour les conduire au ſupplice : & ceux qui lui échappent ſont preſque toujours de trop dans la ſociété, car l'habitude du mépris de quelques devoirs, entraîne preſque toujours le commun des hommes dans l'oubli des plus grands devoirs.

Les loix humaines ne peuvent ſans doute nous conduire à la perfection, c'eſt l'ouvrage de

Dieu feul & de la Religion ;
mais l'objet indifpenfable de
ces loix eft d'empêcher les hommes d'être vicieux. Ce n'eft pas
le remplir entiérement, que de
menacer les coupables ; fi d'ailleurs on préfente des occafions
faciles & féduifantes de tomber
en faute fans bleffer la loi naturelle : dans ces cas le légifla-
teur pour remplir fon obligation
a recours à la grandeur du châtiment, & la proportion fi effentielle entre les crimes ceffe
d'exifter.

Les fraudes eurent en Efpagne une fource de plus que dans
d'autres pays. Ce fut une opi-
nion commune, & une doctri-

ne faine, que de dire qu'on peut éluder en fûreté de confcience, le payement des droits. L'intérêt perfonnel étouffa la voix de la raifon; les fophifmes de l'école oferent fe refufer à l'évidence du précepte de l'évangile, & difputer contre l'exemple divin qui nous enfeigne la foumiffion aux tributs.

Inftruc-
tion d'un
Miniftre
inconnu
1746.

» Les millions, dit un Mi-
» niftre Efpagnol, font une con-
» tribution établie en Efpagne
» par le confentement général
» des Etats, & continuée par
» l'unanimité même du vœu.
» Elle fe perçoit par petites por-
» tions d'une maniere imper-
» ceptible & fans violence fur

» les confommations que cha-
» que contribuable fait libre-
» ment. Malgré la juftice & la
» douceur de cet impôt, il s'eft
» trouvé des auteurs qui lui ont
» attribué l'anéantiffement gé-
» néral dans lequel fe trouve la
» Monarchie : quelques - uns
» même ont eu la témérité de le
» qualifier d'injufte & de tiran-
» nique. Cette opînion a paffé
» jufques dans le tribunal le plus
» facré ; la fraude y a été réputée
» licite, & les confciences éga-
» rées par ce faux principe, n'ont
» plus mis de bornes aux pertes
» de l'État. »

Les immunités accordées dans
les vingt - deux provinces de la

Couronne de Caftille, au Clergé, ou prétendues par lui, n'ont
pas été la moindre caufe des
non - valeurs dans les revenus
publics. On a vû au commen-
cement de ce difcours, qu'il
n'étoit fujet dans les diverfes
branches des rentes provinciales, qu'au feul impôt des millions pour fa plus foible partie.
Encore les propriétaires des terres parmi ceux du Clergé, quoique le plus en état de contribuer, ne l'ont-ils fait que très-
foiblement ; tandis que les autres membres contribuoient,
malgré leur immunité, dans une
proportion égale à celle des fujets laïques.

» Le Clergé, dit le dernier
» auteur que j'ai cité, a toujours
» regardé l'impôt des millions
» d'un œil mécontent, & il a
» subtilement apporté beaucoup
» d'obstacles à sa perception qu'il
» prétend blesser ses immunités.
» L'unique remede à ses vio-
» lences, c'est d'employer la
» force; mais les mesures qu'on
» prend deviennent inutiles par
» le peu de zèle, ou la trop
» grande timidité de quelques
» Ministres. Les Juges ainsi
» que les Fermiers, effrayés
» des excommunications lan-
» cées contr'eux, cessent toute
» pourfuite. Le droit le plus
» clair est abandonné, sur-tout

Instruc-
tion d'un
Ministre
inconnu.
1749.

» dans les petits endroits où l'in-
» telligence & les facultés man-
» quent pour le soutenir ; & la
» communauté des habitans se
» cotise pour remplir ce que les
» Eccléfiaftiques devroient si
» justement payer.

» Dans les grandes villes au
» contraire, le Clergé eft trou-
» blé par la multitude & la con-
» fusion des comptes que pré-
» fentent les Fermiers, & auf-
» quels les uns ni les autres n'en-
» tendent rien ; il se foumet à
» des contributions qui ne le
» regardent pas. »

Inftruct.
de Dom
Martin
de Loy-
faz.

L'inftruction adreffée au Marquis de la Enfenada, explique
encore plus particuliérement ces
détails.   » Toutes

» Toutes les denrées qu'un
» Eccléfiaftique vend de fon crû
» en détail, payent les droits
» des millions ; mais fi elles font
» vendues en gros, elles ne font
» foumifes, ni aux millions,
» ni aux alcavala & autres droits
» que payent les laïques.

» Si cependant les perfonnes
» Eccléfiaftiques achetent des
» denrées pour les revendre, ce
» qui arrive très-fouvent, elles
» font foumifes à tous les droits.
» Mais, d'un autre côté, comme
» ces perfonnes en font exem-
» ptes, ainfi que leurs domefti-
» ques, quant à la confomma-
» tion perfonnelle, on leur fait
» une réfraction des droits auf-

» quels elles ne font point fou-
» mifes. Elles revendent cepen-
» dant les denrées au même
» prix que les laïques, d'où il
» s'enfuit que le Clergé eft le
» premier receveur des droits
» dont il s'abonne en gros avec
» les Fermiers.

» Beaucoup de gens fe préten-
» dent fondés à dire que le Cler-
» gé féculier & régulier, dans
» les petits endroits, ne paye
» rien à raifon des dix - neuf
» millions & demi auquel il eft
» fujet ; & que c'eft le refte du
» peuple qui paye le total de
» l'impôt.

» Il en eft d'autres qui pen-
» fent que les Eccléfiaftiques

» propriétaires des terres, reti-
» rent du peuple autant que les
» Fermiers du Roi, tandis qu'ils
» se dispensent de contribuer ;
» & qu'au contraire, ceux du
» Clergé qui n'ont point de
» terres, ou qui ne revendent
» point, payent autant que les
» laïques, parce que les den-
» rées qu'ils achetent au marché
» public sont chargées des mê-
» mes droits. Ils ont de plus à
» payer les droits de subside &
» d'escusado. »

Ce commerce du Clergé pa-
roîtra sans doute un fait extraordinaire ; il est cependant cons-
taté par un Edit de Philippe V,
du 5 Avril 1721, sur les conclu-

sions du Procureur-Général du Conseil des Finances. La teneur s'en trouve au Chap. LVI du Traité de Don Geronimo de Ustariz, théorie & pratique du commerce & de la marine.

Il est clair que le Clergé propriétaire d'une très-grande portion des terres, & par conséquent des denrées, a privé l'Etat de la majeure partie de ses droits sur ces mêmes denrées. Ce bénéfice grossissant considérablement la valeur de ses biens, tandis que la valeur des biens laïques diminuoit par l'excès des impôts, il s'est trouvé en état d'en faire de nombreuses acquisitions qui ont diminué

sans cesse les revenus publics.
En effet, le Clergé des vingt-deux provinces de Castille, posséde la moitié du moins des terres cultivées, quoiqu'il n'ait que cent trente - sept mille personnes à nourrir.

Don Miguel de Zabala Y aussion, en proposant à Philippe V l'idée d'un cadastre, apporte entr'autres raisons, celle-ci :

» L'imposition sur les terres
» sera censée inhérente à l'héritage, en quelques mains qu'il
» passe. C'est un des moyens de
» remédier en partie à cet abus
» si souvent cité, qui coûte tant
» de soins & de précautions
» inutiles, de voir insensible-

Œconomies politiques, 1. Partie.

» ment tous les biens des laïques
» paſſer entre les mains des Ec-
» cléſiaſtiques. La charge étant
» inhérente au Domaine même,
» cet inconvénient ſera moins
» grand quant aux revenus pu-
» blics. »

Le Clergé d'Eſpagne ne conviendra pas ſans doute de ce
principe ; car ſi les biens qu'il
acquiert ſont ſujets aux taxes,
ſon immunité n'eſt pas perſonnelle. Une taxe qui peut varier
eſt bien différente d'un cens qui
eſt toujours fixe.

Auſſi l'auteur ajoûte-t-il :
» Il y aura pluſieurs autres points
» à applanir pour mettre d'ac-
» cord les intérêts de Votre Ma-

» jeflé , avec les immunités du
» Clergé dans l'établiffement du
» cadaftre. Mais cet établiffe-
» ment eft fi jufte , fi favorable
» au peuple, que l'accommode-
» ment ne fera pas difficile. »

Je finirai cette difcuffion par
l'examen d'une caufe générale,
qui a dû néceffairement contribuer aux détreffes de la Monarchie d'Efpagne.

Il ne fuffit pas d'impofer une
fomme proportionnée aux facultés générales du peuple ;
pour la recouvrer à l'avantage
de l'Etat & des particuliers, il
eft néceffaire de la répartir fur
un auffi grand nombre d'objets
divers qu'il eft poffible, fans

gêner le travail. Je n'entens point parler de ces petits droits isolés & abandonnés à de petites compagnies particulieres, droits qui, pour l'ordinaire, font plus nuifibles à la circulation des denrées, que lucratifs pour l'Etat. Je parle d'affujettir le plus grand nombre d'objets de confommation qu'il eft poffible, fous une régie unique, fimple, & claire pour le contribuable, auffi-bien que pour le régiffeur & les Tribunaux. Dans ce fens à mefure que les manieres de contribuer font plus variées, le nombre des contribuables, & la contribution augmentent : les frais de la régie ne peuvent alors

être considérés comme une charge de plus pour les sujets, puisque cette régie bien entendue
contribue elle-même à soulager
les foibles ; ce n'est point une
perte pour l'Etat, puisque cette
dépense lui assure la durée de
ses ressources, en favorisant le
travail & l'aisance du peuple.

Cette méthode a des effets
qu'il est important de remarquer. Chaque droit en particulier est plus modéré, & moins
onéreux ; dès lors la consommation plus commune & la
recette plus forte ; le bénéfice
de la fraude est moins grand
que ses risques, & celle qu'on
ne peut empêcher, porte un

moindre préjudice à l'Etat &
aux sujets.

Les impôts se trouvent par ce
moyen affectés plus générale-
ment & plus également à toutes
les classes du peuple.

Les deux manieres les plus
simples & les plus justes de percevoir un tribut , sont, sans
doute, de lever un droit proportionné sur les consommations journalieres , & d'en lever
un sur le revenu des terres.

Si l'impôt sur les consommations journalieres est unique ,
il sera supporté par le prix des
ouvrages & des ouvriers uniquement : dans les nécessités
publiques , une augmentation

pourroit nuire au commerce étranger, dès lors au travail, à la population.

Si la terre paye seule les impôts, l'effet de la concurrence sera d'en faire retomber la plus grande partie sur les fruits de la terre, c'est-à-dire, sur le propriétaire & sur le cultivateur. Il y auroit dans la République plusieurs classes de citoyens moins heureux que les autres, & dès lors elles seroient abandonnées, quoique, dans ce dernier cas, ce fussent précisément les plus utiles. Le commerce étranger pourroit être considérable, & faire entrer des richesses qui se répartiroient en partie sur l'agriculture ; mais la disproportion & conséquemment les raisons de découragement , subsiste- roient toujours.

Lorsque les impôts sont assis en même tems, & sur les con- sommations journalieres & sur les terres, la valeur s'en trouve en partie confondue d'une ma- niere imperceptible dans le prix des productions, soit de la terre soit de l'industrie : mais la con- currence, comme nous l'avons observé, partage l'autre partie entre les ouvriers & les mar- chands qui revendent les den- rées, par une diminution des profits presque insensible à cha- cun.

Le laboureur qui demeure au milieu de son champ, se trouve un peu plus favorisé que les autres, parce que ses consommations de premiere nécessité ne payent pas ; mais c'est une juste récompense de ses fatigues, & son aisance revient au public par de plus amples consommations des denrées de seconde & de troisiéme nécessité, par l'activité qu'en reçoit son industrie, par une meilleure culture, enfin par une plus grande population.

De ce que nous venons de dire il est facile de conclure que les besoins de l'Etat seront plus sûrement remplis, lorsque les

objets de la contribution feront
variés. Car fi la maniere de contribuer & de percevoir eft unique, des accidens particuliers
peuvent en fufpendre le cours,
& le corps politique fe trouvera
dans une inaction dangereufe.
C'eft ce qui n'arrive point lorfqu'on fuit une autre méthode,
& la raifon en eft fenfible : les
diverfes claffes du peuple ne fe
trouvent affoiblies à la fois que
dans le cas d'un défordre total,
& dans des circonftances très-
rares ; ainfi les accidens particuliers ne porteront pour le moment actuel que fur quelques-
unes de ces claffes. Si les autres
en partagent la perte, ce fera

d'abord d'une façon infenfible, & qui laiffera le tems d'y remédier, fi les impôts font bien répartis. L'aifance même des claffes qui n'ont point fouffert, fournit des reffources à ces claffes malheureufes, dont la contribution fera dès lors mieux remplie.

Si ces principes font auffi évidens qu'ils me le paroiffent, leur oubli aura beaucoup contribué à faire languir les recouvremens en Efpagne, & le projet d'un impôt unique ne fera pas auffi favorable au peuple, que bien des perfonnes fe l'imaginent.

C'eft cependant le projet

énoncé dans la déclaration du Roi d'Espagne du 10 Octobre 1749 : elle établit une commiſſion ſpéciale pour l'établiſſement du nouvel impôt projetté, il conſiſtera dans une taxe tariffée & proportionnelle ſous le nom de cadaſtre : les recherches, déclarations & vérifications ſe font aux dépens de Sa Majeſté qui y employe plus de vingt mille perſonnes & un million de piaſtres par an.

Il y a trois coûtumes différentes en Eſpagne ; la premiere eſt celle de la province franche de Biſcaye, qui ne paye rien au Roi ; les dépenſes de la communauté s'y levent par une ſom-

me égale fur chaque feu. Quelque injufte & vicieufe que foit
cette répartition, les peuples
de cette province n'en reffentent
point les mauvais effets, parce
que l'impofition eft fort peu de
chofe, qu'il y a un grand commerce & des mines de fer fort
abondantes dans ce pays.

La deuxiéme coûtume eft
telle de la Couronne d'Arra-
gon, où l'impofition eft per-   *Uftariz.*
fonnelle & arbitraire, excepté
dans la Catalogne, où il y a un
cadaftre.

La troifiéme coûtume eft celle
des vingt-deux provinces de la
Couronne de Caftille, dont il
a été jufqu'à préfent uniquement queftion.   O

Le cadaſtre établi en Catalogne, a eſſuyé pendant douze
ans toutes les contradictions
que rencontrent toujours les
nouveautés, & ſur-tout les ré-
formes dans les abus. Le Clergé,
la Nobleſſe & les Riches, ac-
coûtumés à faire retomber ſur
le peuple les charges publiques,
s'indignerent de voir la proportion un peu rétablie. Ce qui eſt
remarquable, les pauvres mêmes
en faveur deſquels on travail-
loit, ſéduits par les déclama-
tions ordinaires en pareil cas,
reclamoient des priviléges, dont
l'uſage n'avoit jamais été connu
d'eux.

Ce cadaſtre eſt réel & per-

sonnel tout à la fois. Les recherches & les vérifications qui se
firent d'abord sur la valeur des
biens , approcherent assez de
l'exactitude : mais la Surintendance de cette province ayant
changé de main , avant que
l'ouvrage eût atteint sa perfection , les espérances & les clameurs des habitans se ranime-
rent. Quelques particuliers réellement lésés , obtinrent avec
justice des réductions sur l'état
des vérifications ; d'autres 'en
obtinrent par leur crédit , &
cette foiblesse fut le signal d'une
révolution qui pensa renverser
le projet. La demande des réductions fut générale ; la mul-

titude des requêtes effraya la Chambre des Vérifications, elle repréfenta au Roi qu'il feroit à propos de réduire la fomme qu'on vouloit impofer, efpérant par cette diminution fatisfaire tout le monde.

Le Roi fe rendit à cette propofition, mais cette condefcendance n'eut aucun effet ; au contraire, ceux qui n'avoient pas encore demandé de rabais, fuivirent l'exemple de ceux qui en obtenoient fur leurs prétendues juftifications.

Dans ces circonftances, les Miniftres chargés de la Surintendance de Catalogne, changerent plufieurs fois. Comme il eft

très-rare qu'un Miniſtre parte
préciſément du point où ſon
prédéceſſeur a laiſſé l'adminiſtration, ſoit parce que ſes connoiſſances ne ſont point auſſi
ſûres, auſſi étendues dans les
détails particuliers, ſoit par
l'inégalité des talens, ou même
par une émulation ſecrette,
qui porte ſouvent les hommes
à ne pas s'aſſervir aux principes
d'autrui, le déſordre & la con-
fuſion ne firent que s'accroître.
Pour dernier remede, on pro-
poſa au Roi une impoſition perſonnelle; & ce Prince éclairé par
les abus & la miſere de la province d'Arragon, n'y voulut
point conſentir : le travail fut
continué.

L'intention de la Cour étoit que l'on impofât neuf cens mille piaftres fur la Catalogne à raifon de 10 p. $\frac{0}{0}$. fur le produit des bien réels, &c de 8 $\frac{1}{2}$. p. $\frac{0}{0}$. fur le revenu de l'induftrie.

Un des Surintendans nouveaux de Catalogne, s'imagina que le moyen le plus court d'exécuter fes ordres, étoit d'engager chaque communauté d'habitans à préfenter elle-même les états de déclarations fur lefquels on pourroit ftatuer en toute fûreté : mais ces états fe trouverent fi peu exacts, qu'ils ne pouvoient comporter une répartition de plus de 741404 piaftres.

L'impoſſibilité apparente d'en aſſeoir neuf cens mille, fut repréſentée de nouveau, mais inutilement. « On ne peut blâ-
» mer, dit Don Miguel de Za-
» bala à Philippe V, un Miniſ-
» tre chargé du détail d'une
» province, de chercher à la
» ſoulager ; cette attention eſt
» même ſi néceſſaire au ſervice
» de V. M. que je penſe qu'elle
» mérite des éloges. Mais dans
» cette occaſion, il me paroît
» qu'il y entroit plus d'humanité
» que de combinaiſon. »

On s'aviſa d'un nouvel expédient : ce fut de former à Barcelone une Chambre compoſée de Députés de toutes les vigueries de la principauté, pour y régler avec le Préfident de la Contadurie, & le Tréforier général, la répartition des neuf cens mille piaftres, de la maniere qui paroîtroit la plus égale.

On s'apperçut bientôt qu'il eft difficile de réunir les opinions dans les affaires d'intérêt: parmi les députés, les uns; fous le pré-texte fpécieux de patriotifme, ne tendoient qu'à foulager leurs départemens, & les autres s'oc-cupoient uniquement à difpu-ter fur les vérifications primi-tives qui fervoient de bafe à l'impofition.

Les chofes étoient dans cette fâcheufe pofition, lorfqu'un

Miniftre

Miniſtre qui n'étoit point chargé de cette partie, ſe porta de lui-même à approfondir l'opération dans ſon principe.

Il y trouva qu'on avoit pris les meſures les plus convenables pour parvenir à une vérification ſcrupuleuſe des propriétés.

On avoit aſſemblé les Notables & les plus expérimentés de chaque viguerie ; on avoit calculé, de concert, la quantité des terres ; on les avoit évaluées ſuivant leur qualité ; on avoit réparti ſur chaque claſſe les ſommes proportionnées. Le produit du travail de chaque profeſſion avoit été évalué ſur le nombre de jours qui y ſont deſtinés.

On avoit ensuite procédé à la vérification particuliere de chaque partie, après avoir envoyé au préalable dans chaque lieu une instruction détaillée sur les points qu'on avoit à éclaircir. Ces vérifications avoient été faites partout par le secours & en présence des habitans les plus capables, des Baillifs, des Curés.

Ce Ministre confronta ensuite toutes les vérifications anciennes, avec les nouveaux états qu'il trouva presque tous imaginaires.

Muni de ces faits capitaux, il démontra que les représentations étoient destituées de tout

fondement ; que fur l'état réel
des produits, la taxe de 10 p. $\frac{0}{0}$.
fur les fonds, & de 8 $\frac{1}{4}$. fur l'induſtrie, rendroit outre les neuf
cens mille piaſtres la valeur de
la paille, du bois, & de la
lumiere que la province étoit
obligée de fournir aux troupes
par forme d'uſtenciles.

Ce mémoire, quoique fans
nom d'auteur, tomba entre les
mains de Dom Fernando Verdes
Montenegro, Sécrétaire Général
des Dépêches du Tréſor Royal,
qui le mit fous les yeux du Roi
Louis I.

Ce Prince, après avoir fait
prendre en Catalogne diverſes
informations ſecrettes, donna

ordre aux députés assemblés à
Barcelone de se séparer, puisque les frais de leur diéte ne
servoient qu'à augmenter la
charge du peuple.

Il fut ordonné en même tems
de procéder à la répartition sur
le pied de 10 p. $\frac{0}{0}$. sur le réel,
& de 8 $\frac{1}{3}$. seulement sur le personnel ; enfin de partir sans
égard aux requêtes du premier
plan, après en avoir réformé
les erreurs reconnues sur des
titres justificatifs,

En conformité toutes les repréfentations furent reçues,
mais on ne pouryut à aucune
sans les vérifier auparavant sur
les lieux par des sujets d'une

intégrité & d'une capacité reconnues ; assistés des Jurats,
Baillifs & Curés de chaque paroisse.

L'excédent des neuf cens
mille piastres fut déclaré devoir
servir à entrer en payement des
ustenciles à l'usage des troupes.

Enfin le cadastre pleinement
établi, rendit en 1726, un million seize mille six cens deux
piastres. (4066408 liv. tour.)

Plusieurs requêtes fondées
furent répondues favorablement
sans que le capital diminuât,
parce que les connoissances particulieres s'étendirent.

En 1730 le cadastre rapporta
un million vingt-six mille cent

quatre-vingt douze piaftres; &
en 1734 deux mille piaftres de
plus. (4112768 liv. tour.) Il
eft certain que le point capital
pour la confection d'un fi grand
ouvrage, eft de le commencer,
& d'en tracer régulierement
l'enfemble; chaque année ajoûte
enfuite à la correction des parties de détail. C'eft déja avoir
fait beaucoup que de mettre le
peuple à l'abri des exécutions,
& d'affurer aux revenus publics
une rentrée plus prompte.

Depuis 1726 aucun Tribunal
n'a entendu de plaintes occa-
fionnées par le cadaftre; & la
Catalogne la moins fertile des
provinces de l'Efpagne eft au-

jourd'hui la plus riche, la plus
active, la plus peuplée, en proportion de son étendue. Mais
le nom de l'imposition ne s'est
point encore souſtrait à l'impreſ-
ſion odieuſe que lui attirerent
les clameurs des mauvais citoyens.

La partie réelle de cette contribution, eſt par ſa nature une
des plus juſtes comme elle eſt la
plus ſimple dans ſa perception.

Car le principe de tout impôt, même de l'arbitraire, eſt
de ſtatuer la proportion préciſe
dans laquelle l'égail doit être
fait. Il faudroit ſe refuſer à toute évidence pour nier que la
proportion ne ſera jamais plus

sûrement établie, que par l'examen scrupuleux des termes qu'il s'agit de comparer. Cet examen est long & difficile sans doute, mais il est possible.

La perfection des choses humaines consiste à s'éloigner davantage des abus ; ainsi quand même l'exécution d'un cadastre sur les terres en entraîneroit quelques-uns, ce ne seroit pas une raison de l'abandonner. J'en trouve un considérable dans l'opération de celui de la Catalogne : la nourriture des bestiaux n'est point comprise dans le revenu des terres, mais imposée à part comme un point de commerce & d'industrie ;

dès - lors imposée arbitrairement.

Cette exception paroît très-
opposée au bien de l'agriculture. Les bestiaux consomment
plusieurs productions de la terre, & leur engrais la féconde
d'un autre côté. Si ce que les
terres en peuvent nourrir n'est
point compris dans leur revenu,
l'évaluation & la taxe de cette
partie de l'agriculture seront absolument soumises au caprice,
à l'ignorance, & aux passions
des hommes chargés d'en faire
le rapport. Le laboureur actif &
entendu pourroit être moins
heureux que le laboureur né-
gligent ou ignorant, puisqu'il

seroit souvent taxé à raison de son industrie, au-delà de la proportion que le Prince a eu en vûe d'établir.

Il ne seroit pas juste, sans doute, qu'un arpent de terre à froment fût rangé sous la même évaluation qu'un arpent de terre à seigle, parce qu'il plairoit au propriétaire de n'y employer que cette derniere semence. Le même raisonnement peut, sans contredit, être appliqué à la nourriture des bestiaux. C'est engager le cultivateur à tirer de sa terre le plus grand parti possible que d'en comprendre toutes les ressources dans l'évaluation de sa taxe ; alors tout ce qui excéde la quantité supposée par la loi ; devient pour lui un bénéfice clair. Il s'imagine, en quelque façon, le lui dérober ; cet objet est sans cesse présent à son ambition, & les avantages de cette émulation, ne se bornent pas à lui seul. La concurrence établit le bon marché des vivres & de la main-d'œuvre, les manufactures sont munies d'un grand fond de matieres premieres, le peuple est mieux nourri, les recouvremens sont plus faciles.

La partie qui regarde le personnel ou l'industrie, est évaluée environ à 6 liv. 13 s. 4 d. de notre monnoie pour les jour-

naliers de campagne , & à 12 l.
pour les artifans & les manufacturiers.

Les Fermiers , & les maîtres
des principaux arts mécaniques
font taxés d'abord comme ouvriers , & enfuite à raifon des
bénéfices qu'ils font cenfés faire
par le travail d'autrui. Les chefs
de manufactures & les négotians
font taxés fur l'eftimation des
bénéfices qu'ils peuvent faire
dans le commerce.

Sur les deux premieres claffes
l'impofition en général eft affez
raifonnable ; parce qu'elle eft
affife fur le falaire connu de
cent jours utiles que l'on fuppofe dans la campagne , & de

cent quatre-vingt jours à l'égard des artisans.

Si cependant parmi les ouvriers de la campagne, il en est qui pendant les jours où la terre ne les occupe point, s'adonnent à quelque espéce de manufacture simple & commune, comme dans une infinité d'endroits divers, la proportion du tribut n'existe plus à raison des facultés.

Si cette nouvelle industrie est taxée, elle est si casuelle, que ce ne peut être qu'arbitrairement & sans la dégoûter. Je ne parle point de quantité d'autres différences qui peuvent survenir.

La taxe fur les profits des maîtres des arts méchaniques des manufacturiers & négocians eſt encore fuſceptible de plus d'inconvéniens. Ces profits ne peuvent être appréciés que fur des apparences trompeuſes : ſi l'évaluation eſt trop forte, c'eſt réduire l'artiſte au déſeſpoir ; ſi elle eſt trop foible, c'eſt une injuſtice relative aux autres citoyens qui payent davantage, & relative à l'Etat qui ne reçoit pas le ſecours qu'il eſt en droit d'attendre en proportion des fortunes. L'évaluation fût-elle juſte, ce qui eſt impoſſible, elle n'en effrayeroit pas moins les arts, dont le bénéfice eſt toujours

moins certain que le risque qui
le précéde.

Il est encore nécessaire d'ob-
server que non-seulement cette
évaluation des gains de l'induftrie n'est appuyée sur aucun
fond réel, mais encore qu'elle
varie sans cesse. Car si l'on fup-
posé qu'un homme a gagné pendant cinq ans dans son métier,
suivant les regles de la justice
distributive, sa taxe doit être
accrue : dès-lors l'industrie n'est
point en sûreté.

Les consommations font,
comme nous l'avons déja remar-
qué, la mesure commune & la
plus certaine de l'aifance des
sujets : ainsi les droits qu'elles

peuvent payer substitués à l'arbitraire & au personnel, réta-
blissent la proportion, relativement aux citoyens entr'eux, &
relativement aux droits que
l'Etat a sur la richesse des citoyens.

. Mais par-tout où le droit sur
les consommations ne peut être
établi , il est constant que la
meilleure méthode est d'imposer
d'abord une somme égale sur
chaque maître artisan ; ensuite
une seconde à raison de chaque
ouvrier qu'il emploie. Par ce
moyen la proportion de la taxe
suit celle des gains assez exactement ; & si le taux est fixe, ou
du moins ne reçoit que les changemens

gémens proportionnels à l'augmentation générale de l'impoſition, l'induſtrie reſpire.

Dans le vœu général des
vingt-deux provinces de Caſtille
pour l'établiſſement d'un impôt
unique, on a cru remédier à
tous les inconvéniens du cadaſtre de Catalogne, en ſe propo-
ſant une taxe tariffée & proportionnelle tout à la fois. C'eſt
ſous un autre nom, ramener
l'impoſition arbitraire, d'autant
plus dure qu'elle ſera revêtue
d'une forme plus équitable en
apparence, & qu'il n'y aura
point de recours contr'elle. Les
Corregidors ou Intendans ne
pourront ſtatuer que ſur les

Q

rapports faits aux Juges des divers districts; & ces rapports feront faits par des habitans chargés de la collecte de leur paroisse.

Les haines, ainsi que les amitiés, enfin toutes les paffions joueront régulierement leur rôle ordinaire. On fuppofera un commerce à tel qui n'en a point fait, un gain à celui qui a perdu; une augmentation de beftiaux ou d'enfemencés fera évaluée en profit, avant que l'induftrie ait pû retirer fes avances. Le fardeau s'appéfantira à mefure que les travaux redoubleront, fans que les diminutions accidentelles de ces mê-

mes travaux, reçoivent aucun
dédommagement. Les follicita-
tions & le crédit perfonnel, ne
perdront rien de leur vieille
influence ; & la défiance continuelle dans laquelle vivront les
fujets, prefcrivant des bornes
étroites à leur confommation,
la maffe du travail diminuera ;
une partie du peuple perdra
conféquemment les moyens de
s'occuper comme auparavant,
& l'Etat fes reffources.

Non-feulement la taille tat
riffée renferme tous des inconvéniens, parce qu'elle varie fans
ceffe ; mais fous prétexte de
perfectionner la proportion des
répartitions, elle dégénere en

Inquifition. Le grand mobile d'un Etat doit être la confiance, & jamais la circulation n'eft auffi abondante ; que lorfque nulle efpéce d'intérêt ne porte les hommes à cacher leurs prof-pérités ou leur induftrie. Le ca-daftre de Catalogne modifié fuivant les obfervations qu'on a faites plus haut, peut encore être fufceptible de quelques inconvéniens particuliers, mais il en entraîne infiniment moins. Fuffent-ils, après tout, en nóm-bre égal à ceux d'une taxe tarif-fée & proportionnelle, ils font bien moins funeftes à l'Etat ; puifque l'induftrie refpire par l'efpérance de fe voir une pro-

priété affurée. C'eft-là toute fon
ambition, un pareil aiguillon
lui peut-il être refufé ?

Comme les abus fe cachent
dans la ferveur des premiers
établiffemens, & qu'au fortir
des ténébres la lumiere paroît
plus éclatante, il eft vraifem-
blable que l'Efpagne gagnera
d'abord beaucoup à ce changement. Mais auffi comme toutes
chofes déclinent ou fe perfec-
tionnent, il eft à préfumer ou
que cette opération fera bientôt
fuivie de quelque autre, ou que
ce grand corps confervera quelques reftes de fon ancienne lan-
gueur.

Avant que de terminer cet

eſſai, il ne ſera point inutile de parler d'une eſpéce d'impôt, propoſé pour être ſubſtitué aux rentes provinciales , par Don Martin de Loynaz, Adminiſ-trateur général actuel de la rente du tabac , & que j'ai cité pluſieurs fois.

Après diverſes objections ſur les inconvéniens particuliers de toutes les ſortes de tributs connus, il donne l'idée d'un droit ſur les farines au ſortir du moulin. Il le ſuppoſe de quatre réaux de veillon par fanégue de froment, ou 11 ſ. 4. d. par meſure de 70 livres péſant.

Cet impôt ſeroit bien aſſuré, puiſqu'il ſeroit aſſis ſur la denrée la plus nécessaire à tous ; il auroit l'avantage d'être perçu journellement & imperceptiblement, puisqu'il ne rencheriroit pas tout-à-fait la livre de pain de 2 d. mais pour peu qu'on veuille se rappeller les principes que nous avons établis sur la justice distributive , on comprendra combien cet impôt, étant unique , seroit vicieux dans sa nature , indépendamment des embarras monstrueux de sa régie dans les moulins.

L'auteur du projet a été séduit , sans doute, par l'exemple des Hollandois , qui ont établi chez eux cet impôt ; mais il faut faire attention aux circonstances

locales qui y rendent la perception très - facile fur cet article.
Une feconde obfervation plus
effentielle encore, c'eft que en
Hollande ce droit eft une branche d'impôt, & non pas une
contribution unique.

En effet, malgré le préjugé
ridicule & populaire, dans les
endroits où le tribut fe paye fur
les confommations, un droit
d'entrée de 10 f. fur une mefure
de 70 livres pefant de froment,
revenant environ à un denier
par livre de pain, eft une des
manieres de contribuer des plus
douces pour le peuple. Car la
police véillant fans ceffe à régler les profits des boulangers,
jamais

jamais cette augmentation ne
peut être l'occasion ou le prétexte d'un plus gros profit : outre
que dans les grands marchés, la
concurrence fait disparoître cette legere différence sur le prix.

Enfin le pain portât-il toute
l'étendue de cet impôt d'un denier par livre; il sera toujours
vrai de dire que le bon marché
de la subsistance n'importe pas
tant au peuple que la sûreté de
s'en procurer une en travaillant.
A quelque bas prix que soient
les vivres, le pauvre en se levant ne peut espérer de recevoir ses besoins, que de la charité des autres hommes, ou de
son travail.

R

L'excès des impôts , & la maniere de les percevoir, peuvent détruire ce travail; mais tant que la proportion subsiste entre le prix de la subsistance & le prix de la vente, soit du tems soit des ouvrages, aucune espéce de denrée ne doit raisonnablement être privilégiée. La meilleure police est de les charger toutes, & dans une plus grande progression à mesure qu'elles s'éloignent de la nécessité.

Quoique mon seul but ait été de mettre sous les yeux les révolutions des Finances d'Espagne depuis un siécle & demi, on peut déduire des faits que j'ai rapportés une vérité très-commune, mais trop importante pour laisser passer l'occasion de la rappeller. L'aisance du peuple par le travail, est l'unique pivot sur lequel puisse tourner solidement toute la masse d'un Etat : car il n'est point riche par les grandes fortunes de quelques sujets, mais lorsque tous, chacun dans leur classe, peuvent dépenser au-delà des besoins réels.

C'est dans ce sens que le luxe, dont la plupart de ses censeurs, ainsi que de ses panégyristes, n'ont point eu d'idée claire, est véritablement utile dans un Empire. Une consé-

quence néceffaire de ce principe, c'eft que plus le peuple
travaille, plus il eft en état de
contribuer aux charges de la
fociété ; mais on n'en peut pas
conclure que le travail même
foit la matiere convenable d'un
impôt ; comme ce feroit un rai-
fonnement funefte de piquer
les atteres d'un malade, parce
que c'eft d'elles que les veines
reçoivent le fang.

Enfin, fi c'eft à l'induftrie
que la Finance eft redevable de
fon exiftence ; c'eft donc à l'induftrie à déterminer la marche
de la Finance. Tant que les
opérations de l'une & de l'autre feront ainfi combinées, le

dégré de mouvement de celle-ci sera nécessairement le produit de la rapidité de la première : si, au contraire, on leur donne une marche & des frotemens opposés, il en doit résulter au moins une très-grande altération dans les mouvemens réciproques.

F I N.

REFLEXIONS

SUR

LA NÉCESSITÉ

DE COMPRENDRE

L'ÉTUDE DU COMMERCE

ET DES FINANCES

Dans celle de la Politique.

REFLEXIONS

SUR

LA NÉCESSITÉ

DE COMPRENDRE L'ÉTUDE

Du commerce & des Finances dans celle de la Politique.

A jalousie, l'ambition, l'orgueil, l'intérêt, toutes les paſſions qui diviſent les particuliers entre eux, agitent également les ſociétés. Les unes ſe préparent à l'attaque, les autres à la défenſe; ſouvent une même émulation

leur infpire à la fois le même deffein de s'abaiffer, de s'envahir réciproquement. Chaque Parti s'étudie à revêtir fes projets de l'apparence du jufte, & à répandre l'envie fur ceux de fon rival. Il cherche à gagner des Alliés, afin d'augmenter fes forces, ou d'arrêter l'accroiffement de celles qu'il aura à combattre ; & il les féduit foit par les motifs de leur propre confervation, foit par l'efpérance de partager avec eux les fruits de la victoire, ou par l'autorité que donne la réputation. On fait valoir la fidélité dans les engagemens, la conftance dans les adverfités, la modération

(5)

dans les bons fuccès, le défin-
téreſſement en faveur de l'union
& de la cauſe commune, la ſa-
geſſe de ſes conſeils, la force de
ſes armées de terre & de mer,
les opérations qu'elles peuvent
entreprendre, l'abondance dés
reſſources en cas que la fortune
ſe joue des entraves que la pré-
voyance humaine a voulu lui
donner. En même tems on emploie tout ce qui peut tendre à
décrier le parti contraire, à ra-
lentir l'activité de ceux qui lui
ſont affectionnés, à éloigner de
lui la confiance des indifférens,
ou à fomenter les animoſités ſecrettes.

Le fuccès de ces moyens gé-

néraux est souvent déterminé
par une infinité de petites causes particulieres , quelquefois
peu dignes d'être associées aux
grands intérêts des Nations;
mais d'autant plus sûres lorsqu'on sçait les faire agir , qu'elles sont moins avouées, que
leur influence n'a pas été pré-
vûe , ou n'éclate que par des
effets extraordinaires. Ainsi les
passions, les foiblesses, les ver-
tus, l'esprit, les talens des Prin-
ces, de leurs Ministres, de leurs
Agens subordonnés, & de tout
ce qui les environne, entrent
dans les combinaisons formées
pour faire réussir avantageuse-
ment les projets d'un Etat au
dehors.

L'art de tracer le plan de ces entreprifes, de connoître, d'af-
fembler les divers refforts qu'il convient de mettre en jeu, de faire jouir chacun d'eux de l'action qui lui eft propre, eft compris fous la dénomination particuliere de Politique.

Cette fcience renferme deux parties, l'une eft la combinaifon générale, l'autre l'exécution des détails. La premiere, infiniment fupérieure à la feconde par l'étendue & la profondeur des vûes qu'elle fuppofe, caractérife proprement l'homme d'Etat. La feconde dans laquelle on peut réuffir par des défauts même qui excluroient pour toujours de la premiere ; mais qui peut aussi y conduire par dégrés, constitue le négociateur.

Soit que l'on considere la politique dans ses deux parties, ou dans une seule séparément, il est évident qu'indépendamment des talens naturels auxquels rien ne peut suppléer, il est indispensable avant d'entrer dans cette carriere, de se former par des études sérieuses & préliminaires. Celle de l'histoire, celle des traités & des conventions qui lient les Etats entr'eux ; la connoissance générale de leurs prétentions, de leurs intérêts, relativement aux positions où ils se trouvent,

semblent l'introduction naturelle à la science politique. On
passe ensuite à des recherches
plus particulieres sur la constitu-
tion des gouvernemens, sur les
loix civiles & politiques qui y
ont rapport, sur le génie des
nations gouvernées, sur l'intérêt qui lie ou qui désunit le
peuple & le Souverain. La connoissance des langues, une grande habitude des hommes, pa-
roissent pour l'ordinaire achever
de mettre un homme en état de
prétendre aux emplois. Il s'en
faut même beaucoup que tous
se présentent aussi bien prépa-
rés ; on ne manque point de
gens qui croyent qu'un grand

nom tient lieu de connoissances acquises, qui confondent la hauteur avec la dignité, l'inconstance avec la fléxibilité du caractere, l'impuissance de se taire avec la facilité de parler, la ruse avec la dextérité, l'intrigue & la tracasserie avec la combinaison & les ressources du génie. Ces personnes ont entendu dire que les graces de l'extérieur sont d'un avantage infini, & se persuadent avec confiance qu'elles suffisent : c'est comme si l'on faisoit consister l'éloquence dans le choix des termes, dans le nombre & l'harmonie des périodes. Dans l'un & l'autre cas le prétendu talent dégénere en affectation ridicule, & devient l'indice le plus certain d'une incapacité abfolue. Je ne m'arrêterai donc point à juftifier à des hommes de ce caractere les refus qu'ils doivent effuyer; il-leur fuffira de favoir qu'une des plus importantes parties du miniftere eft le difcernement dans le choix des fujets, & que les deffeins les mieux conçus avortent honteufement dans les mains d'un Agent médiocre.

Mon deffein eft de faire connoître à ceux qui fe préparent par le travail & l'application à entrer dans la carriere de la politique, qu'ils ne peuvent négliger en fûreté l'étude du commerce & des finances. Je montrerai enfuite de quelle étendue font ces connoiffances pour les hommes d'Etat. C'eft une vérité commune que je me propofe de traiter, je le fais : mais elle fe trouve du nombre de celles dont les hommes en général conviennent, & dont très-peu font ufage. Il eft utile d'en répéter les preuves, pour les arracher, s'il eft poffible, à leur inconféquence. Sans m'attacher à un choix d'idées neuves, je me contenterai de raffembler en abregé, les principes généraux fur lefquels doivent rouler les études dont j'ai à parler.

La force pofitive d'une fociété

confiste évidemment dans le nombre des hommes qui la compofent, & dans la quantité des dépenfes qu'elle eft en état de faire pour foutenir fes projets ou fes entreprifes.

La population ne fuit pas toujours la proportion de l'étendue de terres occupées par une nation, ni de la fertilité de ces terres : elle eft fouvent au-deffous, quelquefois au-deffus; enfin elle eft fujette à des révolutions. Pour avoir une idée jufte de cette partie des forces d'un pays, pour en rendre un compte exact, il ne fuffit pas de favoir en général que telle quantité d'hommes l'habite; il eft né-

cessaire de connoître comment
ces hommes sont occupés & re-
tenus dans le Pays, le genre de
vie qu'ils menent ; de remonter
aux causes qui arrêtent l'accroissement de la population, ou
qui le facilitent : par ces examens on parviendra même à
prévoir les révolutions qui pourront survenir dans cette partie.

Ces causes les plus sûres, comme les plus naturelles, dépendront toujours de l'état du commerce & des finances.

Un Pays même fertile sera
d'autant moins cultivé & peuplé
qu'il vendra moins de productions de ses terres aux Etrangers.

Faute de travailler sans cesse à

une surabondance, qui, par la
difette de confommations extérieures deviendroit onéreufe,
l'abondance néceffaire au bon-
heur des habitans vient à ceffer.
Les productions étrangeres s'in-
troduifent, la culture nationale
fe décourage & dépérit au même inftant. Le travail de l'induftrie s'en reffent néceffairement ;
puifque la pauvreté du Cultivateur, & celle du Propriétaire
des terres, leur interdifent les
moyens de confommer le fruit
du travail des Artifans. Ces Artifans s'expatrient, & leur fuite
occafionne un vuide nouveau
dans le produit de la culture nationale ; dès-lors dans la popu-

lation. Il peut arriver què les hommes attachés à la terre n'abandonnent pas leur patrie, mais la dépopulation ne laiſſe pas de ſe préparer par la diminution du nombre des mariages, de leur fécondité, par l'abregement que la miſere apporte toujours dans la vie des hommes qu'elle perſécute.

L'adminiſtration dans un Pays peut avoir des idées ſaines ſur l'agriculture, & en faire un objet de commerce, ſans que l'aiſance du Cultivateur, & dès-lors la population, ſe reſſentent abondamment de ce principe utile. On en trouvera la cauſe la plus ordinaire dans la nature ou la quantité des impôts qui se levent sur le peuple. Si l'industrie & le travail n'accroissent que les charges sans augmenter les propriétés, si les besoins publics absorbent la substance destinée aux nécessités particulieres, il est impossible que les terres jouissent de leur plus grand produit, que les hommes soient heureux & que leur propagation ne se ralentisse.

Malgré ces desordres, la population d'une société, sans être aussi nombreuse que l'étendue & la fertilité des terres sembleroient le permettre, pourroit se soutenir abondante, si son industrie fournissoit beaucoup d'ouvrages aux Etrangers. Alors la population des villes feroit proportionnellement plus forte que celle des campagnes ; un tableau de luxe & de fafte fuccéderoit à un tableau de mifere & d'accablement. Mais on en pourra conclure que le nombre des hommes vraiment propres aux armées de terre eft diminué ; qu'une grande partie de fa population dépend uniquement de l'accroiffement ou du déclin de l'induftrie des Peuples auxquels il vend fes ouvrages.

Ce Pays aura d'autant plus d'hommes, qu'il s'attachera davantage à faire par lui - même toutes fes navigations, cabota-

ges, pesches, exportations, im-
portations : sa jalousie ou son
indifférence sur cet article, seront la mesure de ses forces
maritimes.

La population & la marine
dépendront encore de l'étendue
des colonies, de la nature du
terrain, des productions, &
sur tout du progrès ou de la
foiblesse de leur culture, des
loix relatives à ces colonies,
soit pour les tenir dans la dépendance de la métropole pour
tous les besoins auxquels celle-
ci peut fournir, soit pour lui
en conserver le commerce ex-
clusif. Il est clair que si ces colonies fournissoient les mêmes

denrées que la métropole, elles établiroient dans son commerce une concurrence fâcheuse, & que loin de procurer du travail à ses habitans, elle le détruiroit; la population s'en ressentiroit. Si au contraire ces colonies produisent les denrées qui sont refusées au sol de la métropole, chaque habitant des colonies donne à gagner à ceux du Pays de la domination, pour se nourrir, se vêtir, transporter ses denrées, en faire le commerce intérieur & extérieur. La population de la métropole s'accroîtra donc, tant que celle des colonies aura des motifs pour s'étendre.

Nous ne cherchons ici qu'à établir les conféquences qui réfultent de ces fuppofitions pour la population d'un Pays que l'on examine, afin de ne point confondre les objets. Par la connoiffance de l'efprit général de ceux qui gouvernent, de leurs préjugés, de leurs maximes, on pourra prévoir le terme ou la durée de leur aveuglement, de la profpérité ou du dépériffement infenfible de l'Etat.

Si un Pays ne peut vendre au-dehors de productions de fes terres & de fon induftrie, le dégré de fa population dépendra de la bonté du terroir, de la médiocrité des impôts, de la

facilité des communications intérieures, & de la force des
loix prohibitives sur les denrées
étrangeres.

Il est certain que les hommes
se fixent naturellement dans les
lieux qui fournissent facilement
à leurs besoins; que plus les
Citoyens ont de commodités
pour faire entr'eux des échanges, plus il y aura de consommation, dès-lors de productions
& de population. Mais comme
dans l'hypothèse actuelle la masse de l'argent n'augmente point,
l'impôt ne peut augmenter, dès
qu'une fois la circulation de
l'argent & des denrées est par-
venue à son plus grand dégré

d'activité : & cet impôt doit toujours être proportionnel au profit que donne le travail. Si ces combinaisons sont perdues de vûe, la population diminuera : mais elle se conservera si l'on ne s'en écarte point ; à moins que la consommation des denrées étrangeres ne vînt à faire sortir de la circulation une partie de l'argent qui s'y trouvoit. Dans ce cas, il faudroit que les denrées, les salaires & les impôts baissassent proportionnellement, ou bien les hommes qui manqueroient de subsistance sortiroient.

Il est rare qu'un Pays se suffise absolument à lui-même. Lorsqu'il peut fournir un échange exact pour compenser ses achapts au-dehors, le dégré de sa population dépend du nombre d'hommes qu'occupe le travail des productions échangées; s'il troque, par exemple, des vins contre des bleds, il aura plus d'habitans que s'il eût fourni les bleds : celui qui vend des productions de la terre mises en œuvre, contre des productions de la terre en nature, a encore plus d'avantage dans sa population, & cet avantage augmente proportionnellement suivant que les ouvrages sont plus précieux.

Il est facile de concevoir que

de pareils examens, guidés par
de bons principes, dévoileront
à celui qui les aura entrepris,
une infinité d'idées & de détails qui lui auroient toujours
échappé. Il saura, par exemple, jusqu'à quel point un Pays
peut faire usage de sa population pendant la guerre, quelles
forces il peut entretenir pendant la paix, sans altérer sa culture, son commerce intérieur
& extérieur ; il parviendra à
connoître la proportion que ce
Pays peut entretenir entre ses
forces de terre & de mer, l'excès des unes ou des autres, les
causes d'inaction, de dépérisse-
ment ou d'augmentation. Sans

ces mêmes examens il est impossible de s'en procurer des notions justes ; & celui à qui elles manquent n'a pas rempli son objet.

Le petit nombre d'Etats où la population excéde la proportion de l'étendue & de la fertilité des terres, n'en peuvent être redevables qu'à une grande abondance d'ouvrages pour les étrangers, & presque toujours à une grande navigation. Ces Pays subsistant naturellement aux dépens des peuples pour lesquels ils travaillent ou naviguent, se verroient réduits en un instant à leur proportion de population, si chaque peuple rentroit

dans la portion d'induſtrie ou
de navigation qui lui appartient.
Ces Etats qui n'ont d'éxiſtence
que par les Arts & la Paix, ont
peu de forces nationales à faire
agir dans la guerre; & comme
elle eſt le tombeau de leur induſtrie, elle deviendra néceſſairement, après quelques éfforts,
celui de l'Etat même.

Si la force d'une ſociété dépend principalement du nombre & du genre des hommes
qui la compoſent, on ne peut
diſconvenir que ſes richeſſes
ſeules ſont propres à mettre ſes
forces en action. La richeſſe du
Gouvernement eſt fondée ſur
la richeſſe nationale ; c'eſt, pour

ainſi dire, une ſouſtraction faite au profit du Public ſur les propriétés de chaque Citoyen, & l'art d'opérer cette ſouſtraction eſt appellé Finance.

Si la portion prélevée en faveur des beſoins Publics ſur les propriétés du Citoyen, diminuoit la facilité de pourvoir à ſes néceſſités particulieres, non-ſeulement il ſeroit très-malheureux & la population diminueroit, mais il ſeroit abſolument impoſſible que les beſoins Publics fuſſent long-tems pourvus, ou d'en ſatisfaire de nouveaux ſans recourir à des moyens violens & toujours ruineux.

Ainſi la force d'un Etat relati

vement à ſes Finances, conſiſte à ne rien exiger des Particuliers que ſur le ſuperflu dont ils jouiſſent : & plus il en reſtera aux Particuliers , les beſoins Publics ſatisfaits , plus les Finances offriront de reſſources , moins les événemens extraordinaires affecteront la ſociété.

On doit compter dans un Etat ſept claſſes d'hommes relativement aux produits des Finances. La premiere comprendra ceux qui vivent du produit des emplois, Religieux, Civils & Militaires ; la ſeconde ceux qui vivent du produit des terres ; la troiſiéme ceux qui vivent du travail de la terre pour la confommation intérieure ; la quatriéme ceux qui vivent du travail de la terre qu'exige la confommation extérieure ; la cinquiéme ceux qui vivent de la confommation que font tous les habitans des productions de l'induftrie ; la fixiéme ceux qui vivent de la confommation que font les étrangers des productions de l'induftrie ; la feptiéme ceux qui vivent du prêt de leur argent.

Dans un Pays qui n'a point de mines d'or & d'argent, & où manqueroient la quatriéme & la fixiéme claffe d'habitans que nous venons de diftinguer ; le produit des Finances feroit

aſſis uniquement ſur le produit
du commerce intérieur, c'eſt-à-
dire, des échanges que les hommes ſont entr'eux. Le propriétaire des terres payera un ſalaire
à tous ceux dont il aura beſoin
pour les cultiver, il en payera
un à tous les ouvriers qui tra-
vailleront à ſes maiſons, qui
l'habilleront, le meubleront,
qui fourniront par leur induſtrie à tous ſes goûts. Celui qui
vit des emplois, & celui qui vit
du prêt de ſon argent, payeront
des ſalaires aux mêmes eſpèces
d'artiſans; & en achetant les
denrées de la terre dont ils ne
peuvent ſe paſſer, rembourſe-
ront au propriétaire une partie

des salaires qu'il aura payés aux
cultivateurs. Les artisans occupés par les trois classes de riches
& par celle des cultivateurs,
entretiendront eux-mêmes par
leurs consommations d'autres
ouvriers ; & tous payeront au
propriétaire de la terre, un tribut d'autant plus sûr, que la
nécessité de leur subsistance en
fera la répartition. L'abondance
& le profit de ces échanges seront la mesure du superflu du
peuple : moins les richesses seront partagées inégalement, plus
la circulation sera abondante &
plus le produit des Finances sera
considérable. Si la classe de ceux
qui vivent des emplois, & celle

des rentiers, sont proportionnellement plus nombreuses &
plus riches à raison de leur industrie, que les autres classes,
comme elles subsistent uniquement
par le travail de celles-ci,
c'est une espéce de premiere imposition sur tout le peuple, qui
nuira nécessairement à l'imposition dont l'Etat a besoin.

Dans tous les cas, les Finances
du Pays dont nous venons de
parler, seront évidemment bor-
nées au plus grand dégré d'activité que pourront recevoir les
échanges entre les habitans :
mais si nous y introduisons la
quatriéme & la sixiéme classe,
le superflu des sujets augmente,

les ressources des Finances s'é-
tendent à l'instant. Plus ces nouvelles classes seront nombreuses,
plus la somme du travail sera
forte, & plus la richesse nationale sera grande.

Il est donc essentiel pour cal-
culer la force & la ressource des
Finances d'un Pays, de connoître la nature & l'étendue de son
commerce avec les étrangers.
En examinant la position de ce
Pays, celle des peuples avec lesquels il commerce, le caractere
des habitans, les loix relatives
au commerce, c'est-à-dire, les
encouragemens, les facilités,
les obstacles ou les gênes qu'elles apportent à l'industrie; on

pourra juger des progrès qu'a
fait le commerce, de ceux qu'il
peut faire, des pertes qu'il a
essuyées, ou du déclin qui le
menace. Ces détails sont im-
menses, sans doute, mais sans
eux on ne peut se flatter d'avoir
une idée exacte de la force de
l'Etat; un seul exemple suffira
pour en découvrir l'importance.
Supposons vingt mille familles
occupées par le travail de la pêche destinée à la consommation des étrangers; il est évident
que si vingt mille hommes chez
ces mêmes étrangers viennent à
entreprendre cette même pêche,
voilà dans l'Etat un vuide non-
seulement du produit du travail

de vingt mille hommes; mais encore de tous ceux qu'occupoit la confommation intérieure de ces vingt mille habitans réduits à l'inaction, & ainfi de fuite. Dès ce moment, le produit des Finances baiffe; en peu de tems la population & les forces maritimes doivent diminuer. La perte feroit plus grande encore, fi la pêche deftinée à la confommation intérieure venoit à être troublée ou à tomber; & fur tout fi fa chûte forçoit d'avoir recours aux pêcheurs étrangers. Suppofons, au contraire, que les Colonies d'un Etat fe fortifient & fe mettent en valeur, qu'elles occafionnent un accroifsement dans la navigation de cent bâtimens; les forces mari-times, le travail de la métropole en tout genre augmentent; le produit des Finances hausse non-seulement en raison de la nouvelle valeur apportée dans le commerce, mais beaucoup d'avantage; parce qu'un million de nouvelles valeurs en circulant dans l'Etat fait produire pour plus d'un million d'autres nouvelles valeurs par l'excédant de consommation ordinaire que font ceux qui ont gagné le premier, & ainsi de suite.

Quelqu'un oseroit-il penser qu'il est indifférent à la politique, je ne dis pas seulement de

connoître exactement les effets
de pareils événemens, mais de
les prévoir ? Chaque jour le
commerce des Etats éprouve
de petites révolutions sourdes
soit d'accroiſſemens, soit de dé-
croiſſemens, qui forment enfin
un tout considérable, & dont
on n'eſt averti que par les effets.

Ceux qui veulent étudier la
force d'un Pays doivent auſſi
examiner la nature des impôts
qui y ſont établis & leur combinaiſon. Les ſources ſont la
partie profonde, mais ce n'eſt
point aſſez de les connoître; il
faut ſavoir ſi l'on en tire ce
qu'elles peuvent rendre, ſi la
maniere d'y puiſer ne fruſtre

point l'Etat d'une partie de ce qui lui appartient, si elle ne les tarit point, ou si un trop grand nombre de canaux ouverts au pied d'une même source ne diminuent pas la force & l'utilité de chacun d'eux.

On connoît trois sortes de taxes positives, l'une sur les immeubles, la seconde sur les personnes, la troisiéme par des consommations forcées de denrées vendues par l'Etat, ou qui lui payent de gros droits; & deux espèces d'impôts volontaires, l'un sur les consommations nécessaires, l'autre sur des consommations superflues. Il est impossible qu'une seule taxe

faſſe contribuer également toutes les claſſes du peuple, puiſque leurs facultés ſont inégales ;
mais ſi chacune de ces claſſes
étoit ſoumiſe à toutes les manieres de contribuer, il ſeroit
impoſſible que quelqu'un de ces
impôts ne vînt à nuire à la perception des autres, à l'aiſance
générale, & dès-lors aux reſſources publiques. La conſtitution politique, les préjugés,
l'uſage ou l'ignorance peuvent
empêcher que les claſſes les plus
riches contribuent dans la même
proportion que les autres ; ou
bien ne permettront d'établir
que des impôts généraux qui
tombent toujours principalement

ment fur les claffes pauvres.
Dans le premier cas l'Etat ne
jouit pas de toute fa force ;
dans le fecond la moindre augmentation produit la furcharge, le découragement, l'abandon du travail, & l'épuifement
des fources. Celles-ci ne fouf-
frent pas moins d'un impôt dont
la nature eft d'arrêter la confommation, que d'un impôt
trop fort qui rend cette confommation impoffible. Il eft encore des moyens de faire à l'Etat
un fond fur la vanité & les préjugés des Citoyens ; mais ces
moyens bons en eux-mêmes,
peuvent quelquefois, s'ils font
portés à certain point, entraî-

D

ner des abus funestes aux sources véritables de la Finance & à
la population.

En considérant les Finances
d'un Etat sous ces aspects, on
parviendra à connoître sur quels
fondemens est assise sa puissance,
ce qui soûtient ses avantages &
ses prétentions au-dehors, si sa
prospérité sera durable, si ses
entreprises sont réglées sur ses
facultés, s'il pourroit suffire aux
dépenses nouvelles que dans certaines circonstances exigeroit sa
conservation ou son agrandisse-
ment. Des notions vagues sont
une boussole infidelle, & l'exemple du passé n'apporte pas toujours une instruction solide : les

variations font continuelles, foit dans les fources des Finances, foit dans les principes de l'admi-niftration ; les effets changent néceffairement avec les caufes.

L'ufage comprend encore fous la dénomination de Finance, le crédit public, qui n'eft cependant qu'un moyen très-délicat de fuppléer à la foibleffe des Finances, & qui pouffé trop loin parvient à les détruire. Plus le crédit de l'Etat lui a facilité d'emprunts, moins il lui en refte à faire, mais le grand point eft d'en déterminer à peu près la fomme dans un cas de befoin. Chaque Pays a des principes de crédit public relatifs foit à fa conſtitution politique, ſoit à ſa conduite paſſée, qui peuvent influer ſur ſa durée ; mais partout la baſe d'un pareil calcul eſt la ſomme des impôts qu'il eſt poſſible de lever ſans nuire à l'agriculture & au commerce. Si les ſources de la Finance peuvent s'accroître, les bornes du crédit s'éloignent ; & ces bornes ſe raprochent ſi les ſources de la Finance s'épuiſent. En général, toutes les fois que l'Etat emprunte, il augmente les avantages & le nombre de ceux qui vivent du prêt de leur argent, c'eſt-à-dire, aux dépens du propriétaire des terres, du cultivateur, & de l'artiſan. Mais la maniere d'emprunter peut augmenter ou diminuer ces avantages : Si l'emprunt a un terme & fi le capital s'éteint annuellement, l'avantage du rentier fur les autres claffes diminue, les fources de la Finance font mieux ménagées, le crédit conferve plus d'étendue. L'emprunt perpétuel finit par la furcharge dans l'impofition & par la chute du crédit.

De tous les abus qui peuvent s'introduire dans l'adminiftration intérieure d'un Etat, les plus difficiles à réformer, pour l'ordinaire, font ceux des Finances. L'urgence du préfent ne permet pas fouvent de former

dos calculs éloignés ; & les défordres ruineux pour le public
tournent néceſſairement à l'a-
vantage de quelques particuliers
aſſez puiſſans pour s'oppoſer au
bien, ou aſſez riches pour ache-
ter des protecteurs. Dans ces
circonſtances, ou bien l'étendue
manque dans les vues de ceux
qui gouvernent, ou bien leur
ame n'eſt point remplie de cette
impulſion divine, qui nous
porte à nous dévouer à la Patrie. Lorſque la Providence en-
voie dans les Etats de ces hommes rares, il eſt très-important
d'ouvrir les yeux ſur toutes leurs
opérations ; parce qu'elles fixent
en quelque façon, les prin-

cipes, fur lefquels il eft utile à l'Etat de fe regler. A mefure qu'après eux on s'y attache plus fidellement, ou qu'on s'en éloigne davantage, les calculs qu'on pourra établir feront plus juftes. Dans tous les cas, il convient d'étudier non-feulement l'avantage & le defavantage des méthodes pratiquées; mais la nature des principes que fuit l'adminiftration, afin de prévoir où elle conduira; de remonter à l'origine des abus, d'approfondir les moyens d'y remedier, parce qu'alors on faura fi l'exécution en eft compatible avec les préjugés, les ufages de la Nation avec la conf-

titution politique, & le genie
des Miniſtres.

Cette eſquiſſe ſuffit pour faire
concevoir combien des faits
ſtériles dans des mains ordinaires peuvent développer de
conſéquences lumineuſes à un
homme appliqué & intelligent :
& les perſonnes deſintéreſſées
avoueront de bonne foi qu'on
eſt hors d'état de parler ſûrement
de la force d'un Pays où l'on
a négligé les examens que je
viens de propoſer.

Cet objet n'eſt pas le ſeul qui
rende indiſpenſable à un Politique l'étude du commerce &
des Finances. On vient de voir
qu'on ne ſait rien ſur cette derniere

niere partie ſi l'on ignore la premiere, puiſqu'elle en eſt la ſour-
ce: mais la connoiſſance du commerce en particulier eſt d'un
uſage continuel pour ceux qui
ſont chargés des intérêts de leur
Pays chez les Etrangers.

C'eſt le commerce qui conſti-
tue une partie de ces intérêts;
il ſeroit abſurde d'imaginer
qu'on puiſſe parler bien de ce
qu'on n'entend point, ni conduire ſupérieurement une affaire dont on ne comprend même pas l'importance. Je ne parle
pas uniquement des traités de
commerce; ils exigent une juſ-
teſſe & une fineſſe particulieres
de vûe dans la diſcuſſion des in-

térêts réciproques non-seulement des parties contractantes entr'elles, mais souvent même avec d'autres; il faut savoir ce que l'on peut accorder, & comment on le peut; distinguer l'apparence de la réalité dans les équivalens que l'on doit obtenir; connoître le cours ordinaire du commerce; prévoir les moyens de le tourner à son avantage ou de l'étendre. Les principes généraux dans cette matiere conduisent à une infinité de détails dont on ne peut sortir qu'avec une science locale & des combinaisons méchaniques trop peu familieres à un Ministre pour n'avoir pas

beſoin d'excellens guides. Mais
les principes & l'habitude de
les appliquer aux détails qui ſe
préſentent, lui indiqueront la
route générale qu'il doit ſuivre,
les informations qu'il doit prendre, lui développeront l'impor-
tance des faits, & les ſuites qui
doivent en réſulter pour l'Etat.
Sans la connoiſſance politique
du commerce, comment eſt-il
poſſible de ſe faire une idée
nette des objets qu'on doit examiner; loin d'étendre ſes vûes,
de ſe préparer des avantages,
quelle eſpéce de protection peut-
on accorder aux Négocians qui
attendent le beſoin pour la ré-
clamer; ſaura-t-on même les

queſtionner , les encourager ;
les raſſurer ? quelle réponſe
peut-on faire aux difficultés des
Miniſtres à qui l'on demande
ou des graces ou la jouiſſance
d'un droit ? quel parti eſt - on
en état de prendre dans des cas
preſſés & imprévus ? Sur une
infinité de points, une inſtruc-
tion ne peut que tracer l'eſprit
général de la conduite qu'on
doit tenir, le zéle, l'application & l'intelligence ſont cenſés
y ſuppléer. Mais une expérience
fâcheuſe nous apprend que l'activité des hommes ſe rebute
facilement ſur les objets qui
leur reprochent leur ignorance,
& ſouvent la vanité les conduit

à penſer qu'on peut les regarder avec indifférence.

C'eſt ſouvent chez les peuples avec qui l'on commerce le moins, qu'il convient de poſ-ſéder le mieux la ſcience du commerce, ſoit pour trouver les moyens toujours difficiles de l'y établir, & par-là d'inté-reſſer les Sujets à l'union des gouvernemens, ſoit parce que ce ſont des concurrens dont on ſe paſſe, & qui, loin d'avoir des beſoins, voudroient ſeuls pourvoir à ceux de l'univers. Dans cette derniere hypothèſe ſur tout, il faut un uſage con-tinuel du calcul, afin de con-noître la méthode employée par un peuple pour fupplanter fes rivaux dans chaque branche, le revenu qu'il tire de chacune, les reffources que l'art & la nature lui fourniffent pour remplir fes deffeins, les défavantages de fa pofition, les fautes qu'il fait. Ces recherches d'autant plus épineufes qu'on trouve moins de Négocians de fa nation dont on puiffe apprendre les détails, font cependant indifpenfables pour fçavoir comment un peuple a gagné la fupériorité, comment il peut la conferver ou la perdre, quelle conduite il convient de lui oppofer pendant la guerre ou pendant la paix, & principalement

pour sçavoir profiter de ces mo-
mens précieux & irréparables où
la prudence d'une nation s'en-
dort quelquefois. On ne manque point de gens dont les ju-
gemens font affez legers, quoique prononcés dogmatique-
ment, dans les affaires les plus
férieufes, pour croire que les
chofes vont naturellement à
leur but, qu'il faut fans tant
d'inquiétude, abandonner le
commerce à fon propre cours.
Ces perfonnes ont raifon, fans
doute, d'imaginer que toutes
chofes tendent à l'équilibre ;
mais le commerce ne s'y met
pas pour cela, tant qu'il trouve
des obftacles fupérieurs, com-

me l'eau qui suivoit sa pente est souvent déterminée par une digue à quitter son cours naturel. Une liberté égale & générale dans tous les états, sans protection, ne feroit pas revivre également le commerce partout ; parce que le dégré d'industrie n'est point égal chez tous les hommes, & moins un peuple a l'habitude du travail, plus il a besoin d'être fortement sollicité à travailler. Ainsi tous les Gouvernemens ont reconnu la nécessité d'exercer leur protection envers l'industrie des sujets ; tous d'abord par excès de zéle, ou par le défaut de réflexions, ont assujetti l'action du commerce à leur protection ; les plus habiles font parvenus par dégrés, à fe contenter de guider, de foûtenir, d'animer l'action du commerce. Il convient donc néceffairement de connoître & de comparer les principes que fuit chaque état dans les loix qu'il dicte aux hommes induftrieux, les avan- tages qu'il leur accorde, la chaleur qu'il apporte à foûtenir leurs intérêts : c'eft fur ces paralelles exacts & médités, que la politique pourra former fes combinaifons. Si dans quelques occafions l'activité d'un peuple a été plus forte que de mauvaifes loix, il n'en faut rien

conclure sans avoir examiné les
fautes que ses rivaux ont faites
dans le même tems; & il en
résultera toujours que cette activité mieux dirigée eût eu des
effets encore plus utiles.

Si j'ai réussi à démontrer que
l'étude du commerce & des Finances doit occuper ceux qui
entrent dans la carriere de la
politique, il est naturel d'en
conclure que l'homme d'Etat
n'a pû s'en dispenser. Il doit
réunir toutes les vûes particulieres, puisque son occupation
est de les combiner à l'avantage de la société qui l'emploie.
Le plus grand homme d'Etat est
certainement celui dont le coup

d'œil jufte , prompt & décifif ,
embraffe le plus d'objets à la
fois ; celui qui veut mériter véritablement ce titre , doit pof-
féder des principes certains &
réfléchis fur chacune des parties
de l'adminiftration , connoître
nettement les principaux détails
de chacune dans fon propre
Pays& dans les autres. Il feroit
auffi peu fûr d'apprécier trop ,
que de ne pas prifer affez la
puiffance de fes voifins ; comme
on tomberoit dans de grandes
fautes foit en préfumant trop
de fes propres forces , foit en
ignorant leur étendue. Le genie
enfante les expédiens , la variété
des connoiffances en indique la

poffibilité, & le jugement en
dirige le choix. Mais pour ne
point fortir de notre objet, les
connoiffances économiques paroiffent la bafe effentielle de
tous les plans que peut former
un homme d'Etat : car les nations non plus que les particuliers, ne peuvent entreprendre
au-delà de leurs forces, fans
s'expofer à la honte & à la ruine
qui fuivent l'exécution des deffeins téméraires. Les loix du
duel ne font point celles de la
politique d'un Etat, il lui feroit
même bien plus honorable de
ne reclamer fes droits qu'avec
la certitude de les reprendre,
que de précipiter une vengeance

incertaine & qui reculeroit peut-
être pour long - tems fes effets.

Si à l'étendue de genie néceffaire pour concevoir un grand
deffein , on joint la connoiffance
des moyens de l'exécuter , on
pourra en affigner le tems ; les
opérations qui doivent y con-
courir , tendront toutes à un
même but, & au terme marqué,
l'équité guidée par la prudence,
fera couronnée par la victoire.

Ces moyens d'exécuter un
grand deffein font principalement les reffources intérieures
d'un Etat, fa population , fon
commerce & fes Finances , qui
dérivent des deux autres ; fon
crédit qui fuit affez exacte-

ment la proportion de ſes Finances.

Par l'examen de ces moyens,
on parvient à connoître de quels
efforts extraordinaires l'Etat eſt
capable, pendant combien de
téms il peut les ſoutenir ; à prévoir l'effet que produiront ces
efforts ſur le corps politique, ſi
l'objet qu'on ſe propoſe l'en dé-
dommagera réellement.

Le même examen ſur les
reſſources intérieures des Etats
avec leſquels on a des différends
à terminer par la force, eſt néceſſaire pour établir une com-
paraiſon dont dépendront une
infinité de combinaiſons eſſen-
tielles.

On pourra apprécier l'utilité des secours étrangers, les dommages respectifs que peut occasionner la guerre, jusqu'à quel point les événemens heureux ou malheureux peuvent influer sur les résolutions des deux parties, le dégré auquel la paix deviendra nécessaire à l'un des deux, quels sacrifices il sera forcé de faire pour l'obtenir, ceux que l'on doit exiger pour sa sûreté, enfin la proportion des ressources réciproques pour se rétablir.

Toute entreprise qui se trouveroit dépourvue de ces considérations préliminaires, faites avec la profondeur & l'exactitude qu'on doit apporter dans ces matieres , ressembleroit moins à une démarche politique, qu'à l'emportement d'une passion aveugle.

Lors même que la justice & la bonne-foi qui sont le plus solide fondement de la réputation d'un Etat, ne lui permettent point de former des projets au-dehors ; sa conservation exige qu'il ait sans cesse les yeux ouverts sur ce qui se passe chez ses voisins. L'équité des hommes n'est point assez sûre en général, pour se reposer sous son ombre ; l'homme d'Etat veille & combine sans relâche les divers accroissemens de for-

ces

ces que les Arts de la paix apportent dans chaque société ; il y apprend les méthodes les plus propres à conserver ou à augmenter la proportion de celles dont son Pays doit être revêtu. Egalement jaloux de repousser l'injustice & de la fuir, il parvient par sa prudence & sa modération, à dégoûter ses rivaux d'une violence honteuse & inutile.

C'est par de semblables recherches, qu'il pourra connoître & établir l'équilibre maritime si nécessaire à l'Europe & qui semble ignoré d'elle ; tandis qu'un vain phantôme d'équilibre sur terre lui a fait verser

F

inutilement des flots de fang..
L'art de ceux qui fe trouvoient
intéreffés à faire valoir le pref-
tige pour détourner les yeux
d'un objet plus réel , a réuffi au
point de faire oublier que l'équilibre fur terre eft inaltérable
par fa nature ; puifque toute
conquête capable de le rendre
chancelant, refroidit néceffairement les Alliés du Conqué-
rant, lui fufcite de nouveaux
ennemis , & les réunit tous contre lui. On n'envahit point des
Provinces fans un éclat qui porte
au loin les alarmes , & fans des
efforts qui confument le Vain-
queur.

Mais un defpotifme mariti-

me peut s'établir fourdement,
fur-tout s'il eft favorifé par l'indolence de ceux mêmes aufquels
il prépare des fers ; fon invafion
eft fubite, impétueufe ; l'étendue
de fon empire en affure la durée ;
il le gouverne avec un fceptre
d'airain ; & les nations étonnées
reclament envain des droits que
la nature leur avoit confiés pour
un meilleur ufage.

Les combinaifons formées
pour la confervation de la balance fur terre, entre les Etats
élevés fur les débris de l'Empire des Romains, ont varié
conftamment avec leurs pofi-
tions différentes ; à peine l'idée
de l'équilibre maritime eft-elle

ébauchée. Que notre politique
moderne est au-dessous de celle,
dont les petites Républiques de
la Grece nous ont donné l'exemple !

La connoissance seule du commerce des divers Peuples ,
peut aider à fixer les propor-
tions de l'équilibre maritime.
L'homme d'État calcule la portion de force que le commerce
naturel doit communiquer à
chacun d'eux, il s'étudie à la
lui conserver ; & même , sans
se dépouiller indiscrettement
du nécessaire, il sçait modifier
à propos , les loix rigoureuses
de son propre intérêt, pour
accroître la puissance des foi-

bles, & les exciter plus vivement à la conservation commune. C'est ainsi que les Matelots de toute l'Europe gagnent par le commerce de la France; au lieu qu'un acte de navigation sépare un peuple de tous les autres, & s'il facilite les vûes de son ambition par l'accroissement de sa marine, aussi - bien que par le déclin forcé de celle de tous les autres, il avertit au moins du danger commun ceux qui sont capables de connoître leurs véritables intérêts.

Peu de personnes refuseront de convenir de l'utilité des études dans les matieres œconomiques; mais quelques-unes effrayées de la multitude des connoiſſances, que je ſemble exiger, croiront peut-être qu'il eſt impoſſible de les raſſembler, & que la préférence eſt dûe aux plus éclatantes. Il eſt bon d'obſerver d'abord que cet éclat que nous recherchons en toutes choſes, préférablement au ſolide, ne réuſſit qu'auprès de la multitude. Elle n'a point d'intérêt à voir plus qu'on ne lui montre, elle ne s'en donne ni le tems ni la peine, & ſes ſuffrages ne contribuent point à la ſatisfaction intérieure de celui qui les reçoit. Dans les affaires, au contraire, les hommes ſont jugés ſur le fond & ſur les œuvres :

que ferviroient à un Magiftrat
la connoiffance du droit Ro-
main, des loix des Francs &
des Lombards, s'il appliquoit
fes principes fans jufteffe, s'il
ignoroit la coutume des Parties
qu'il juge. On doit donc établir
pour principe, que dans une
fcience, même la plus étendue,
telle que celle de la politique,
la confidération & la réputation
des demi-Sçavans ne peut être
que médiocre.

Mais la premiere partie de
l'objection fur l'impoffibilité de
réunir tant de connoiffances diverfes, eft la plus intéreffante.
On doit avouer que l'entreprife
a des difficultés comme toutes

celles qui font glorieufes : cependant le préjugé feul nous la peint impoffible, & l'expérience de tous les Pays le démqent. C'eft dans les défauts de notre éducation, que nous devons le plus fouvent chercher les caufes d'un femblable découragement. Je ne parle point de celle que nous recevons dans l'enfance, qui, en général, ne peut être plus mauvaife; mais de celle que nous nous donnonsà nous-mêmes lorfque nous avons choifi un état. Pour la plûpart des hommes, cette deftination n'eft qu'un métier de famille ou de routine : les premieres années font employées à forcer la

nature

nature , pour goûter les ridicu-
les , & parvenir à en donner
l'exemple. L'ambition fuccéde
immédiatement à la frivolité,
on fe hâte de couvrir des mœurs
dépravées, une imagination dé-
réglée, une pareſſe d'ame tour-
née en habitude, d'une teinte le-
geré d'études mal digérées. On
forme auſſi-tôt des prétentions,
l'intrigue en eſt l'appui & acheve
de conſommer le peu de tems
qu'on auroit pû donner à regler
fon efprit & à meubler fa mé-
moi.

Si , au contraire, on s'appliquoit de bonne-heure à partager
fon tems entre les amuſemens
modérés de la fociété & l'étude

G

des premiers principes de toutes les connoiſſances dont on doit faire un fond ; ſi l'on fréquentoit les perſonnes dont la converſation peut être inſtructive ; ſi le deſir d'apprendre formoit l'habitude inſenſible de réfléchir ſur toutes les choſes que l'on voit, d'en chercher les cauſes, les effets ; on ſe trouveroit imperceptiblement & ſans effort, dans la route qui mene au grand. Le point capital pour ceux qui doivent réunir pluſieurs parties, c'eſt de les diſtribuer dans un bon ordre, de diſtinguer celles qu'ils doivent approfondir, de celles dont ils peuvent ſe contenter d'avoir une idée nette.

75

Pour se la procurer, il convient
de marcher droit aux grands
principes, d'en faire quelques
applications sur les détails pour
en comprendre la force & l'étendue, d'en suivre les conséquences & l'enchaînement général toujours relativement à
l'Etat. Cette méthode exige bien
moins de tems que d'application & de suite dans les idées.
A mesure qu'une connoissance
est acquise, on passe à une autre, & lorsqu'elles ont des rapports, on les cherche, on les
combine, on parvient à les fixer
dans son esprit, de maniere
qu'ils y soient toujours présens.
Il est possible, mais long, de

remonter du particulier au général ; les circonſtances varient
à l'infini, la maxime que l'on
s'eſt propoſée dans une occaſion,
devient inſuffiſante dans une
autre, parce qu'on ne voit jamais qu'une ſeule choſe à la fois.
Au contraire, en deſcendant toujours du général au particulier,
on eſt ſûr de ne rien oublier,
d'embraſſer du même coup d'œil
toutes les faces de l'objet qu'on
ſe propoſe d'examiner.

Il faut avouer que rien n'eſt
plus propre à former des ſujets
à l'Etat, & n'abrege plus les difficultés du travail, que l'uſage
de traiter en public les matieres
économiques. A meſure qu'une

ſcience devient plus commune ; elle ſe réduit pour ainſi dire, & ſe dépouille de cet air ſauvage ou embarraſſé dont elle eſt revêtue dans ſes commencemens. La raiſon en eſt facile à donner ; cette ſcience devient un objet de la converſation qui n'admet que des idées ſimples mais lumineuſes ; les vrais principes étant une fois reconnus & reçus, la difficulté toujours épineuſe de les établir ſe trouve épargnée.

Il eſt d'expérience qu'une nation éclairée eſt plus facile à bien gouverner ; & ſi la lumiere ne diſſipe pas les paſſions, ni les intérêts particuliers, au moins elle les gêne & les réduit ou à se taire ou à diminuer leurs prétentions injustes. On ne peut pas dire non plus qu'il soit dangereux d'éclairer les étrangers sur des objets dont ils ne peuvent troubler l'ordre : l'attention qu'ils peuvent faire à ces sortes d'écrits sera moins à craindre à mesure que l'administration y en apportera davantage.

L'excès de la gêne & de la liberté de la presse peuvent également produire & nourrir cette licence odieuse qui fuit par tout le grand jour, & qui trouve, quand elle veut, où préparer ses poisons dans l'obscurité. Il

eſt aiſé de remarquer que cet
eſprit mépriſable eſt incompa-
tible avec l'étude & l'amour des
matieres utiles à l'humanité ;
une ſage liberté de les traiter
éleve l'ame des Ecrivains qui
s'en occupent, & comme ils ne
peuvent être animés par aucun
autre motif que le ſervice du
Prince & de leur Patrie, ils
ſçavent ſe tenir dans les bornes
du reſpect & de la ſoumiſſion
dûs au Magiſtrat.

F I N.

www.ingramcontent.com/pod-product-compliance
Ingram Content Group UK Ltd.
Pitfield, Milton Keynes, MK11 3LW, UK
UKHW020130130726
13696UKWH00001B/297

9 782013 471411